Tim Wihl

WILDE DEMOKRATIE

Tim Wihl

WILDE DEMOKRATIE

Das Recht auf Protest

Verlag Klaus Wagenbach Berlin

EINFÜHRUNG

Jede reife Demokratie entwickelt neben ihrer institutionellen Ordnung eine wilde Seite, in der sich bürgerschaftlicher Protest auslebt. Diese wilde Seite muss nicht anti-institutionell bleiben, sondern kann die demokratischen Prozesse als eigenständige Gewalt jenseits von Staat und Gesellschaft ergänzen.

Institutionell besteht die Demokratie – wie allseits bekannt – aus drei Staatsgewalten, die vom Staatsvolk durch Akte der Wahl und Abstimmung legitimiert werden, wobei in der Bundesrepublik die Legislative als einzige direkt gewählte Gewalt im Zentrum steht.[1] Die Exekutive und die Gerichtsbarkeit hängen in unterschiedlichem Maße von Wahlakten der gesetzgebenden Körperschaft ab, entwickeln aber ein Eigenleben, das im Fall der Judikative sogar durch ein eigenes Grundrecht auf richterliche Unabhängigkeit formal abgesichert ist. Und die Regierungs- und Verwaltungsbürokratie hat ihre eigenen, informellen Beharrungsmechanismen. Den drei Staatsgewalten – sie können auch supranational organisiert sein – überlässt das Staatsvolk, das seinerseits nationale Grenzen zu überschreiten vermag (Unionsbürgerschaft!), in aller Regel die Macht der politisch verbindlichen Sachentscheidung. Wollen wir oder wollen wir gerade nicht? Die Antwort nur darauf gibt der Souverän aus der Hand. Er verliert damit aber nicht all seine souveräne Macht.

Es wäre dementsprechend verfehlt, die Entscheidungsmacht der Herrschaft zur Seele des Staatswesens erklären zu wollen. Im demokratischen Staat – und in supranationalen oder internationalen Verbänden – wird nicht nur entschieden. Es wird auch kontrollierend geurteilt, und zwar nicht allein im judikativen Sinn. Auch mit Kontrollurteilen kann man Macht ausüben. Es ist jedoch eine andere Art von Macht, von der wir dann sprechen – die Macht der urteilenden Rede. Demokratisch sind nur solche Gemeinwesen, die die souveräne Macht nicht am Wahltag allein wirksam werden lassen, sondern dem Souverän permanent die Macht zu urteilen gewähren. Dazu gehört, dass diese Urteile Folgen haben.

Ähnliches gilt für Gerichte, in denen das Entscheiden nur den Abschluss eines Urteilsprozesses bildet, der Sachverhalte der Vergangenheit umfassend bewertet. Ein Urteil ohne Entscheid wäre dem Rechtsfrieden kaum dienlich, denn dann wären zwar alle Argumente vorgetragen und abgewogen worden, die Prozessbeteiligten wüssten aber immer noch nicht, wie sie sich anschließend zu verhalten haben. Rein logisch betrachtet ist es aber nicht erforderlich, ja fast etwas hasardeurhaft, über die Vergangenheit zu entscheiden – das beurteilende »Richten« würde völlig genügen. Das Entscheiden (»A muss dem B 1 000 Euro zahlen.«) wirkt wie ein bloßer Zusatz zum Urteilen (»Gerechter wäre es nach Sichtung aller Tatsachen und Wägung aller Rechtsargumente, wenn A dem B 1 000 Euro zahlte.«). So hat die juristische Tätigkeit eine Schlagseite zum Urteilen, nicht zum Entscheiden. Die Frage »Was wäre möglicherweise gerecht?« ist erst einmal zu bestimmen. Jede Verkürzung des Urteils auf das Entscheiden nimmt ihm dagegen seine besondere Kraft, Argumente und Alternativen abzuwägen und letztlich offenzuhalten[2] – etwa zur Korrektur in höheren Instanzen, die noch weitere Gesichtspunkte berücksichtigen können.

All das kann man für Akte der Exekutive gewiss nicht sagen, bei denen das Entscheiden vielmehr ganz in den Vordergrund rückt: Die Gegenwart ist zu gestalten. Die Legislative wiederum vereinigt die Extreme in sich: Sie kennt Momente, in denen ins Offene hinein quasi willkürlich zu entscheiden ist, aber genauso Perioden des ausgedehnten argumentativen Streits.

Den drei Staatsgewalten attestiert man gemeinhin einen engen Bezug zur Macht – in der Regel mit sicherem Gespür für die herausgehobene Entscheidungsmacht der Exekutive, deren Legitimation dafür gleichzeitig oft in Frage gestellt wird. Gerichten wiederum, der nach Alexander Hamilton ungefährlichsten Gewalt, gesteht man einerseits eine gewisse Machtferne zu, wohl weil zentral um Argumente gerungen wird. Andererseits erkennen viele in der konkreten, individuellen Entscheidung der dritten Gewalt eine besonders unmittelbare, manchmal brutale Art der Machtausübung.

Doch auch ein rein (unter anderem politisch) wertendes Urteil, eingreifende Rede wie alle Sorten entscheidungsbefreiter Kommunikation sind machtpraktisch keineswegs unschuldig. Die Ansicht mag teils noch verbreitet sein, dass Reden und Tun grundlegend verschiedene Dinge seien. Schon lange aber haben die Linguistik und philosophische Sprechakttheorie über den Handlungscharakter des Sprechens und anderer Formen von Kommunikation aufgeklärt.

In der Rechtswissenschaft halten sich unterdessen gewisse Restbestände eines schlechten Idealismus, der Reden auf geistige Prozesse reduziert. Vielleicht ist das Recht der letzte Hort cartesianischer Vorurteile, womöglich trennen manche Jurist:innen mehr als andere Wissenschaftler:innen noch immer Körper (einschließlich Affekten) und Geist. Das gilt aber gewiss nicht durchgängig. Zwar hat sich die deutsche Verfassungsrechtsprechung im »Lüth«-Urteil früh darauf festgelegt, dass die rechtlich geschützten Wirkungen der Rede nur die geistigen seien.[3] Das ändert aber nichts daran, dass die Rede neben ihrer geistigen auch eine Machtseite hat, eben weil sie genauso eine Handlung ist, die sich nicht in ein Paralleluniversum der guten Gründe des Geistes einsperren lässt. Fast 30 Jahre nach »Lüth«, dem berühmtesten aller seiner Urteile (auf dessen Folgen in Kapitel 1 näher eingegangen wird), hat das Bundesverfassungsgericht just diese materialistische Einsicht in seinen Leitentscheid zur Versammlungsfreiheit, den herausragend wichtigen Brokdorf-Beschluss, einfließen lassen (Thema in Kapitel 2).[4] Versammlungen haben nach der maßgeblichen Rechtsauslegung etwas irreduzibel Körperliches, sie bauen auf Präsenz und darauf, wirksam Druck aufzubauen. Kategorien wie die »Sicht- und Hörweite« einer Versammlung sind fest etabliert.

Parallel wurde in den letzten Jahrzehnten über die Machtförmigkeit der Kommunikation theoretisch umfassend publiziert. Michel Foucault, Jacques Derrida, Judith Butler, Gayatri

Chakravorty Spivak und andere waren Wegbereiter:innen einer neuen Stufe der modernen Aufklärung über gesellschaftliche, nicht nur in staatlich-repressiven Formen allgegenwärtige Machteffekte, gerade auch in der sprachlichen Kommunikation. Heute ist in der Theorie vielfach belegt, dass Körper und Geist, Sprache und Materie keine philosophisch oder politisch relevanten Gegensätze darstellen. Praktisch gab es davon schon früher ein allgemeines Bewusstsein: Rede kann verführen, aufstacheln, verletzen und vielerlei weitere Wirkungen in körperlichen Affekten und Tathandlungen zeitigen. Sie gibt auch Macht – insbesondere in der mediterranen Antike mit ihrer ausgefeilten Rhetorik war dieser Sachverhalt wohlbekannt. Die rhetorische Macht der Handlung tritt dabei in der Moderne kategorial an die Seite der herrschaftlich befehlenden Entscheidungsmacht und der konstituierenden Macht des demokratischen Souveräns.[5] Sie ordnet sich der Herrschaft keineswegs vollständig unter. Die Macht der Rede ist in demokratischen Gemeinwesen auch in den Räumen der Herrschaft präsent, gelegentlich in Parlamenten oder, nur proto-herrschaftlich, auf Parteitagen.

Noch auffälliger ist die dialektische Verbindung von rhetorischer Handlungs- und Konstitutionsmacht in Demokratien. Das Volk – verstanden als »die Leute«[6] – repräsentiert sich dann als die konstituierende Macht der staatlichen Gewalten oder Apparate, indem es sich in einer »expressiven« Demokratie[7] auf verschiedenste Weisen zum Ausdruck bringt. Dazu gehören auch die sogenannten Repräsentant:innen in der Legislative, die als Abgeordnete allerlei in parlamentarischen Formen ausdrücken können. Am Ende von deren Expressionsakten steht potentiell eine legitimierte Entscheidung.

Das Potential zur allgemeingültigen Entscheidung ist der einzige relevante Unterschied zwischen der Expression in Parlamenten und politischem Protest von Bürger:innen »auf der Straße«. Diejenige Demokratie, die sich auf Erstere stützt, werde ich im Schwerpunkt eine herrschaftliche, diejenige, welche sich auf das Zweite beruft, eine überwiegend rhetorisch-konstituierende Demokratie nennen. Diese Unterscheidung nimmt die tradierten

Gegensätze von »politischer« und »sozialer« Demokratie sowie von demokratischer »Herrschaftsform« und »Lebensform« in sich auf und versucht sie zugleich zu überschreiten. Die Lebensform wird Teil einer Herrschaftsform Demokratie, und zwar über eine den Staat und die Gesellschaft umspannende »Gesamtverfassung«[8] vermittelt; die soziale Demokratie des sich im Protest Ausdruck verschaffenden, politisch urteilenden Volkes ist am besten als konstitutiver Teil der Staatsmacht zu begreifen. In der (schwächer oder stärker) protestierenden, konkret negierenden Öffentlichkeit als »Gesamtpolitikum« (Ridder) von Staat und Gesellschaft lässt sich eine eigene Staatsgewalt ausmachen, die nicht nur den Vorzug aufweist, öffentlich zu sein, sondern zudem eine demokratisch voll legitimierte Teilhabe an der politischen Macht vermittelt. Diese Staatsgewalt sollte Protestative genannt werden. Die Protestative verkörpert die »wilde Demokratie«[9] beziehungsweise deren wilde Seite.

Die Protestative ist mehr als eine »Demonstrationsdemokratie«[10] und zugleich weniger als eine »Gegendemokratie«[11]. Voraussetzung für ihre Eingliederbarkeit in den demokratischen Verfassungsstaat ist, dass dieser aus konstitutionell-grundrechtlichen Gründen jeden Etatismus abgelegt hat. Dazu gehört, dass er weder abgekoppelt ist von der regelmäßig aktualisierten faktischen Zustimmung des Volkes, noch letztentscheidend oder unkontrolliert ist oder sich auf von der Bürgerschaft geschiedene Apparate reduzieren lässt. Kurz gesagt, muss die Demokratie vom Staat lösbar sein, aber der Staat niemals von der Demokratie. Die Demokratie, die die Protestative in sich integriert, löst das Rätsel des Staates restlos auf, indem sie diesen an die Verfassung angleicht.

Die volle demokratische Legitimation des Protestes wirkt sich verfassungsrechtlich derart aus, dass die diesbezüglich relevanten Grundrechte eine Sonderstellung erhalten, indem das Bundesverfassungsgericht schon früh ihre »schlechthin konstituierende Bedeutung« für die Demokratie markiert hat.[12] Gleichzeitig geht die Aufwertung zur demokratischen Staatsgewalt ohne Entscheidungsmacht mit bestimmbaren neuen Rechten einher, die vornehmlich als Privilegien für kontrollierend-urteilende politische

Handlungen in juristischen Prozessen – also letzthin: gerichtlichen Urteilen – kenntlich werden. Jedoch verleiht die Anerkennung der Protestative dem Nein einzelner Bürger:innen nicht notwendigerweise eine besondere Dignität im Entscheidungsprozess anderer Staatsgewalten, insbesondere von Exekutive und Legislative. Gleichwohl ist es nicht nur verfassungspolitisch, sondern sogar verfassungsrechtlich geboten, dem Protest beim Entscheiden zumindest argumentativen Raum zu geben, mit anderen Worten: ihn zu berücksichtigen. Das bleibt zunächst eine weiche und scheinbar rein geistig-deliberative Pflicht. Aber die später zu präzisierenden Bedingungen müssen gerade auf die Stärke der rhetorisch-konstituierenden Macht des protestierenden Volkes Acht nehmen, und diese Macht wird den ihr eigenen, differenzierten Druck entfalten. Dennoch bleibt es juristisch geboten, unter Verweis auf die Urteil-Entscheidung-Differenz die Legitimationskraft des protestierenden Volkes zu begrenzen. Juristische Instrumente für den Zwischenraum der demokratischen Legitimation nach dem Urteil, aber vor der Entscheidung, stehen zuhauf zur Verfügung: Sie reichen von Gründen, Protestierende, wenn sie Straftaten begehen, aufgrund der Meinungs- oder Versammlungsfreiheit strafrechtlich zu entlasten, bis zu Rechten auf argumentative Berücksichtigung und Gehör in Verwaltungs- oder Gesetzgebungsverfahren.[13] Denkbar wäre unter bestimmten Bedingungen auch ein aus dem Status der Protestative folgendes suspensives Veto, das die Exekutive oder Legislative zu weiterer Beratschlagung zwingt. Es ist jedenfalls gut begründbar, dass demokratische herrschaftliche Politik die Regungen der Protestative zur Kenntnis nehmen muss.

Um zu verstehen, welche Bedeutung der protestierenden Gewalt im Verfassungsgefüge zukommt, sollte man sich nicht mit idealistischen, bloß auf gute Gründe und subjektive Geistesakte blickenden Argumenten begnügen. Zugleich darf man nicht den umgekehrten Fehler begehen, von politischer Kommunikation am Ende nur noch die materiellen Kräfteverhältnisse übrig zu lasse, im Sinne des Vorurteils, es sei ohnehin stets der an Ressourcen, Geld und materiellen Druckmitteln Reichere, der sich politisch durchsetze – völlig unabhängig von der Qualität der vorgebrachten Argumente. Beide Reduktionismen werden dem schillernden Phänomen des politischen Protests in der demokratischen Verfassungsordnung keinesfalls gerecht. Statt sich auf angeblich rein geistige Wirkungen der politischen Meinungsäußerung und damit auf den bloß subjektiven Geist zu versteifen, wäre dieser Geist objektiv zu erweitern. Auf diesem Wege könnte sich die Theorie des Protests das Terrain der kollektiven Gewohnheiten und schließlich der Institutionen erschließen.

Doch auch das genügt noch nicht. Um die Rolle einer protestativen Gewalt in der Verfassung vollständig zu ermessen, gilt es, die Institutionenordnung hin zum absoluten Geist zu überschreiten. Es wird sich dann im Ansatz zeigen, dass just dieser Übergang vom Objektiven zum Absoluten den Abschluss der demokratischen Verfassungsordnung bildet. Absolut ist dieser Geist nicht nur in der individuellen Pflege des Nichtidentischen in der (Protest-)Kunst, sondern auch im säkularisierten Erlebnis kollektiver Rituale des protestierenden Teilvolkes sowie in der Verpflichtung des Gemeinwesens auf transzendent bleibende Wahrheitsmomente des demokratischen Staates, die in der Philosophie der gleichen Freiheit, den nie überholten Schlachtrufen der politischen Moderne von Paris, Philadelphia und Port-au-Prince zu sich selbst kommen.

Die Momente des absoluten Geistes im Staatswesen (= Gemeinwesen = Verfassungsordnung = Öffentlichkeit = Gesamtpolitikum) können sich nicht als Entscheidungsquellen, sondern nur als Entscheidungstreiber erweisen, indem sie Kontrollurteile strukturieren. Sie können also keine Entscheidungen vorgeben, aber immerhin die Kritik an Entscheidungen motivieren und vorstrukturieren. Das gilt erstens für die Öffnung zur individuellen ästhetischen Erfahrung, die eine Urteilsenthaltung des Staates gebieten kann. Die drei klassischen Gewalten haben sich demnach kein Kunstrichtertum anzumaßen. Es leitet ebenso, zweitens, die Erfahrung in der »Gemeinde«, die im Widerspruch zur fahlen Realität des Staates nur eine der Protestierenden sein kann, und deren eben umrissene Anerkennung und Berücksichtigung als Protestative im juridischen Urteil wie im politischen Entscheidungsprozess. Schließlich kann das Gemeinwesen zwar niemanden wie ein Philosophenkönig auf die Wahrheit der gleichen Freiheit verpflichten. Entsprechende Gesetze oder Befehle würden diese Prinzipien selbst untergraben – urteilen aber darf der Staat (als Gesamtpolitikum, einschließlich der Protestative) mit Blick auf die Achtung dieser Wahrheiten sehr wohl. Mehr noch: Kein demokratischer Staat kann sich hier eine falsche Neutralität erlauben.

Wenn das Recht auf Protest umrissen wird, das die Demokratie zur wilden und im Zusammenspiel mit der institutionellen zur wahren erweitert, ist dieses Recht nicht allein das wechselhafte positive Recht irgendeiner beliebigen Demokratie, etwa der deutschen oder französischen. Es ist auch nicht ein ideal vorgestelltes Recht, wie es wünschbar wäre oder in der Phantasie aussähe. Vielmehr sind Prinzipien der Rechtfertigung des geltenden Rechts in demokratischen Staaten gemeint. Das sind Staaten, in denen Grundrechte repressives Recht aufheben können[14] und in denen eine frei gewählte Legislative durch Ansätze einer protestativen Gewalt herausgefordert wird. Insgesamt wirken funktionierende Demokratien langfristig auf die Vertiefung gleicher Freiheit hin. Auf dieser Grundlage bilden sich zugleich die immanenten Maßstäbe einer Kritik der demokratischen Rechtssysteme.

Die protestative Gewalt ist abzuheben von utopistischen Strömungen, die sich außerhalb der Institutionenordnung verorten. Protest negiert stets konkret, nicht abstrakt. Abstrakte Negation ist per se alles andere als illegitim, kann sich aber nicht auf die rechtlichen Privilegien berufen, die der hinreichend konkrete Widerspruch, das hinreichend konkrete Sich-Widersetzen und das hinreichend konkrete Neu-Verfassen in der wahrhaft demokratischen Verfassungsordnung genießen. Beim Entwerfen utopischer Bilder wäre nicht mehr von Protest zu sprechen, sondern von revolutionärer Phantasie. Das Sich-Entwerfen in eine bessere Zukunft des »aufrechten Gangs«[15] sollte sich kein Mensch versagen müssen; er wird allerdings unter demokratischen Voraussetzungen beim Werben für diese neuen Welten erfüllter Augenblicke der situativen Flüchtigkeit seiner Träume gewahr werden. In der

Folge wird er umso mehr für die Konvergenz – bis hin zur Kongruenz – gewaltloser Ziele und Methoden eintreten wollen, um sich nicht von Anbeginn selbst zu widersprechen. Mit der Entscheidung für gewaltlose Ziele und Mittel ist bereits der große Schritt zur Konkretion getan.

Die Protestative ist zugleich nur dann (Staats-)Gewalt, wenn sie konstituierende Macht ausübt – jenseits der revolutionären Neugründung, in permanenter, wenn auch nicht bloß latenter Form. Sie steht in einem kontinuierlichen Spannungsverhältnis zur konstituierten Macht der Institutionen, geht nie in ihnen auf, hat sie aber auch nicht aufgegeben, sondern versucht deren innere Kräfteverhältnisse zu verändern. Sie weiß, dass der geistige Stoff der Kommunikation nicht ohne die Imposanz der großen Zahl und/oder andere Bestimmungsfaktoren der souveränen Macht politische Wirkung erzielen wird. Körperlich-geistige Präsenz und die Involvierung des Affekts sind der protestativen Gewalt selbstverständliche Kampfmittel.

Diese Demokratie in Präsenz gelingt meist nur in großen und/oder starken Mengen – die verfassungsrechtliche Struktur solcher zutiefst weltlicher »Gemeinden«, gleichsam Kapellen des Protests, wird ebenso zu klären sein wie die in ihnen verkörperte Macht der unbestimmten Zahl, wie sie bei Autor:innen wie Rousseau, Luxemburg oder Canetti ausgedeutet ist. Beide sind elementar, um das Kontinuum vom Widersprechen über das Sich-Widersetzen bis zum Neu-Verfassen zu erhellen, welches dieses Buch linear strukturiert. Die Methode des Buchs beruht auf dialektischer Welterzeugung, prozessierender Urteilskraft und einem Interesse an antipositiver Totalität, das sich weigert, zu einem definierten Ziel zu gelangen.

WIDERSPRECHEN

Die Schwierigkeit, Nein zu sagen,[16] beginnt schon beim Reden. Protest meldet sich zuerst im Widerspruch, in der Widerrede an. Diese Rede antwortet konkret oder spricht abstrakt vor sich hin. Sie kann sich in einer bestimmten Relation ausdrücken oder sie bleibt eigenwillige Behauptung. Die widersprechende Person kann die Erwartung hegen, Teil eines wechselseitigen Lernprozesses zu werden – oder sie spricht entweder »polemisch« mit dem Willen zur Macht oder in einer rein affirmativen solipsistischen Selbstbehauptung.

Das inhaltliche oder formale Niveau des Widerspruchs steht indes nicht in direktem Verhältnis zu seiner Wirkung. Die tiefe argumentative Bereicherung einer Debatte kann politisch völlig folgenlos bleiben. Der beste inhaltliche Beitrag, das Höchstmaß an Differenzierung verschwinden leicht im Tumult simpler Parolen. Gedankliche Preziosen finden sich begraben unter einem gewaltigen Diskurs-Schrotthaufen.

Vor allem wer seinem Publikum abverlangt, einen Teil seiner selbst aufs Spiel zu setzen, wird selten gehört. Ernste, zumal identitätssensible Zumutungen wehrt die Hörerschaft in der Regel ab. Wahr nimmt sie solche Zumutungen nur dann, wenn eine Vertrauensgrundlage besteht. In der opak gewordenen, zumal vermachteten Medienöffentlichkeit besteht ein solches Vertrauen unter Fremden nur (noch) sehr selten.

Meinungsfreiheit wird angesichts ihrer Abhängigkeit von dem, was wir auch jenseits der Medien Öffentlichkeit nennen, just dann politisch, wenn sie von den Hörer:innen her gedacht wird. Das Politische beginnt dann bei der Frage, wie Reden Macht verschiebt, indem es auf Rezipient:innen wirkt. Meinungsfreiheit muss sich jenseits des Speakers' Corner bewähren – also anders als im Londoner Hyde Park, wo sich jede Passantin folgenlos zu Wort melden kann. Doch Machtverschiebungen treten in verschiedenen Gestalten und auf differenzierten Wegen auf.

Auf einer ersten Stufe werden Äußerungen regelmäßig schon aufgrund ihrer Form wirksam. Zu nennen wären zunächst etwa Befehle oder Gerichtsentscheide, die in eine hergebrachte institutionelle Struktur eingebettet sind. Doch gilt diese unmittelbare Wirkung generell für Sprechakte, weil diese gerade nicht auf ihre Inhalte reduzierbar sind. Die typische Wirkung besteht im Gehorsam oder zumindest der Provokation eines vorausgehenden Zuhöraktes.

Auf einer zweiten Stufe wirkt dann auch der Inhalt der Äußerungen. Dieser kann an Affekte, den Verstand oder die Vernunft appellieren und so als kommunikativer Akt mindestens mittelbar Folgen zeitigen. Die Wirkungsmacht derart mittelbar geistiger Art verkörpert sich nicht zuletzt in der rhetorischen Seite der Äußerungen, sofern es um Politik als Vorbereitung von Entscheidungen geht. Diese rhetorischen Aspekte der Rede, die Einheit von Ethos, Pathos und Logos, sind nie auf einen bloß emotionalen Appell zu reduzieren. Rhetorisch ist nicht die Form, sondern es sind die Inhalte des Gesagten: die Sachen selbst. Diese politischen, also rhetorisch vermittelten Sachen, der Logos, sind mit der ethischen und der affektiven Dimension untrennbar verknüpft. Mithin muss jede politische, stets rhetorische Widerrede in Aporien münden. Denn weder geht politische Kritik in ihrem Aussagegehalt auf, noch lässt sie sich von diesem abtrennen. Der Inhalt politischer Rede kann nicht von dem Versuch abstrahieren, neben der logischen Überzeugung auch zu überwältigen, also Machtpotentiale auszuspielen. Umgekehrt wäre es verfehlt, nur noch über Machtverschiebungen durch die Rede zu sprechen, zumindest sobald diese politischen Charakter annimmt. Schwächen im aufrechten Gang werden ausgenutzt, aber fast jede Sprecherin setzt auch auf den Glauben an die Legitimität des Gesagten, also das Überzeugen.[17]

Politische Rede ist von einer nicht austilgbaren Dialektik von Liebe und Hass geprägt, in der Sprechende auf Vertrauen ebenso wie auf zu beschwörenden oder zu brechenden Widerstand setzen müssen. Man richtet sich liebend an die Stärken des Publikums und zugleich, insgeheim hassend, an seine Schwächen; gleichzeitig baut man Gegner:innen auf, die man heimlich so sehr für ihre Stärken bewundert, wie man den Hass auf sie zum Ausdruck bringt.

Mit politischer Kritik allein am Ethos anzusetzen kann man sich kaum erlauben; die Beschwörung der schönen Seele, die nur auf das sich selbst erhaltende Gute im Menschen abzielt, wäre eine ganz unpolitische Handlung. Daher kann eine moralische Kritik politischer Hassrede nicht funktionieren. Mindestens hätte sie die Entstehungs- und Geltungsbedingungen politischer, auf kollektive Entscheidung und deren Kritik zielender Kommunikation zu bedenken. Sonst bleibt Hassrede als individueller Gefühlsausdruck unverständlich.

Kehrseitig kann niemand eine Wahrheitsverpflichtung politischer Rede durchsetzen, sofern mit solcher Wahrheit bloß die Orientierung an positivistisch feststell- und widerlegbaren Fakten gemeint ist. Im Gegensatz zum Phänomen der Hassrede gebricht es Falschbehauptungen nicht an Ethos oder gar an dem rechten Pathos, sondern schlicht am Logos-Gehalt. Ebenso falsch wäre es aber, durch Widerlegung (»Faktencheck«) nur noch über diesen Logos sprechen zu wollen. Die rhetorische Kraft derartiger politischer Kommunikation bliebe so nämlich unthematisiert. Hadert die Gesetzesform des Nomos im Fall der politischen Hassrede mit dem Verbot eines bestimmten unethischen Pathos, sperrt sie sich bei den Fake News gegen die kehrseitige Reduzierung der Kommunikation auf den Logos. Das Manipulative bestimmter politisch-rhetorischer Strategien, etwa das Äußern von Halbwahrheiten, das Weglassen oder eine »Bullshit«-Sprache, macht »Fiction-Checking« nötig.[18] Auch die ubiquitäre Motivation zur Problemverdrängung etwa der ökologischen Katastrophe, umgesetzt durch eine Zerstörung jedes Objektivitätsglaubens,[19] verlangt nach umfassender Aufklärung, die die rhetorischen Inhalte und ihre davon untrennbaren Bewirkungsmachtfragen zugleich reflektiert. Gefühle sind dabei ebenso wenig wie Machteinsatz per se ein Problem; vielmehr sind sie für das vernünftige Urteilen als den bloßen Verstand transzendierende politische Praxis auch jener, die (momentan) nicht selbst entscheiden, schlechthin unabdingbar, wenngleich nicht hinreichend. Für nicht nur in digitalen Netzwerken manipulativ-stimulativ abgetrotzte Affekte, die an sich urteilsfern sind, mag indes anderes gelten.

Die dritte Stufe politischer Rede, ob wert- oder tatsachenzentriert,[20] bildet nach Form und Inhalt nun deren Aufhebung in der Position des Sprechenden. In ihr kommt zum Tragen, dass zwar bestimmte Äußerungen kraft ihrer Form, andere vermöge ihrer rhetorischen Inhalte Wirkmacht entfalten, aber beide an die gesellschaftliche Machtposition des Kommunizierenden im Verhältnis zu seinem Publikum anknüpfen müssen. Dabei lässt sich diese zunächst so diffus erscheinende Machtverteilung mithilfe komplexer soziologischer Befunde diskurs- oder sozialstrukturanalytisch recht genau bestimmen.[21] Keineswegs ist sie auf gängige antidiskriminierungsrechtliche oder intersektionale Schemata einfach herunterzubrechen.[22] Andererseits kann sich keine juridisch-politische Machtanalyse, die sich vorzugsweise auf die Herrschaftsmacht von Institutionen konzentriert, heute noch erlauben, die Trias Hegemonie – Ideologie – Diskurs in ihrer Verknüpfung mit den etablierten Achsen der Ungleichheit (class, race, gender) zu vernachlässigen. Die Position Spinozas, die die Politik konsequent auf Machtverhältnisse reduziert, kann gerade aufgrund ihres scheinbaren Anachronismus dank ihrer besonderen begrifflichen Klarheit an dieser Stelle herangezogen werden.[23] Macht folgt demzufolge nicht allein aus systemischen sozialen Ungleichheiten oder gezielten Diskriminierungen (Antisemitismus etc.), sondern auch aus anderen Rollen, aus individueller Glaubwürdigkeit oder Charisma. All dies vermag Affekte zu verschieben und damit Handlungen anzuregen.

Während die dargestellten drei Stufen der Meinungsmacht sich auf die Wirkungsseite politisch urteilender Rede konzentrieren, darf die ebenso bedeutsame Kehrseite der Urteilsrichtigkeit nicht außer Acht gelassen werden. Wiederum ist diese Richtigkeit nicht individualistisch-ideell oder objektivistisch-positiv zu bestimmen, sondern als Frage des Gemeinsinns beim Urteilen. Es geht hier also weder darum, was Sprecher:innen für richtig halten, noch um falsifizierbare positive Faktenlagen, sondern vielmehr um subjektive Allgemeinheit: was Personen in einer bestimmten Position für gesamtgesellschaftlich richtig halten. Das kann man in Anlehnung an Kants Konzept der ästhetischen Urteilskraft formulieren, das auch im juridischen Urteil zur Geltung kommt.[24] Deren Hauptkriterium ist bereits bei Kant nichts anderes als Öffentlichkeit und die in ihr verwirklichte Vielstimmigkeit, Kritikfähigkeit und Selbstreflexion, so etwas wie ein konkreter allgemeiner Geschmack.

Wie kann man beide Seiten, Macht und Richtigkeit, in einer Theorie des Rechts zu politischer Rede zusammendenken? Die Lösung müsste darin bestehen, eine quasi-machiavellistisch-spinozistische, also eindeutig machtorientierte Politiktheorie, mit einer kantianischen, mithin gemeinsinnbezogenen Theorie einer politischen Öffentlichkeit zu verbinden. Schließlich müsste der öffentliche Abbau von Selbsttäuschungen – zum Ziele der politischen Wahrheit – der emanzipatorische Horizont demokratischer Gesellschaften sein, die sich aktiv-machtrealistisch wie passiv-kommunikationsidealistisch um die freie politische Rede und Widerrede organisieren.[25]

Gleichzeitig bleibt – gerade in der Zusammenschau beider Seiten – zuzugestehen: Eine derart vollständig emanzipierte, demokratische Gesellschaft wird es nicht geben. In realen Demokratien herrscht stattdessen ein gewisses Ausmaß an notwendiger Unwahrheit – notwendig nicht nur aus empirisch-kontingenten Gründen, sondern auch aus dem ontologischen Modus der Demokratie heraus, stets als Negation des Futur II zu operieren, in der reinen prozessualen Verstetigung. Es lässt sich auch keine vollständige Legitimation von Entscheidungen erzielen: und zwar einerseits im Interesse des Friedens, wie andererseits auch zur Lösung des Trittbrettfahrer-Problems in Gesellschaften, die idealerweise alle mitentscheiden lassen.[26] Denn irgendwann muss eine Entscheidung fallen, auf die sich die Gesellschaft für eine gewisse Zeit insgesamt verlassen kann, die also das kollektive Gut des

Rechtsfriedens erzeugt – ohne befürchten zu müssen, endlos von den noch nicht ganz Zufriedenen aufgehalten zu werden. Der kollektive Prozess um das öffentliche Gut der freien politischen Meinungsbildung – mit der Leitfrage: wer kann was hören? – bleibt daher auch in demokratischen Systemen ein vermachteter Prozess.

Dennoch hat eine spezifische Wahrheitsverpflichtung der politischen Rede gerade in Demokratien, im Gegensatz zu autoritären Herrschaftssystemen, Bestand.[27] Und Erkenntnis muss in ihr stets auch epistemisch repräsentiert werden[28] – erst dann wäre von demokratischer Wahrheit zu sprechen.

Das scheint Hannah Arendts Beobachtung in *Wahrheit und Politik* zu widersprechen: »Vom Standpunkt der Politik aus gesehen, ist die Wahrheit despotisch«.[29] Das politische Denken hingegen sei repräsentativ. Als politische Tugenden hebt Arendt den gesunden Menschenverstand, die *prudentia* beziehungsweise die *phronesis* hervor: die Fähigkeit, mit der eigenen Vorstellungskraft verschiedene Standpunkte einzubeziehen – eine »erweiterte Denkweise«. Sie betrachtet Kants Urteilskraft dafür als ein Paradigma, das von ihm selbst als unpolitisch missverstanden worden sei – obwohl es zutiefst politisch und auch juristisch[30] ist. Seine Hauptforderung ist »Uneigennützigkeit«, also die »Befreiung von der Verstrickung in Privat- und Gruppeninteressen«. Dies ist freilich eine in der liberalen Theorie häufig anzutreffende Idee des Gemeinwohls. Aber eine liberale Idee ist es dennoch nicht, jedenfalls nicht in dem engen Sinne eines stets notwendigen Interessenausgleichs zwischen isolierten Privatpersonen durch eine Einhegung ihres jeweiligen Eigentums. Diese Vorstellung steht ohnehin in einem Spannungsverhältnis zur demokratischen Bürgerschaft, die im Idealfall (Athen!) alles zumindest repräsentativ verhandelt, weshalb dieser Ausgleich allein zwischen privaten Eigentümer:innen nicht demokratisch-liberal ist.

Könnte man dieses bloß vermeintliche »Gemeinwohl« als die Kehrseite des einschließenden, einzäunenden proprietären Liberalismus bezeichnen? Es steht jedenfalls deutlich im Gegensatz zur »liberalkommunistischen« Idee der real-materiellen gemeinschaftlichen Aushandlung, die sich mit dem demokratischen, aber nicht mit dem proprietären Liberalismus und seiner illusionären Kehrseite der Uneigennützigkeit vergleichen lässt. Politisches Urteilen dürfte gerade nicht mit einer Wahrheitsverpflichtung demokratischer Rede – bei aller wie gesagt jetzt bestehenden Rest-Unwahrheit – in Konflikt stehen. Im Gegenteil ist die demokratische Repräsentation von Erkenntnis angesichts ihres Allgemeinheitsanspruchs strukturell wahrheitsnäher als die autoritäre. Damit ist aber nicht allein Arendts Scheinwiderspruch von Wahrheit und Demokratie hinfällig, sondern auch die mannigfach unternommene Behauptung einer geistigen Nähe von Demokratie und wahrheitstheoretischem Relativismus oder auch einer scharfen Sein-Sollen-Trennung.[31] Erst demokratisch organisierte Öffentlichkeiten erlauben es, der Wahrheit – ob kognitiv oder moralisch – näher zu kommen. Es ist die Infrastruktur eines verallgemeinerten Hörens, wie sie Demokratien auszeichnet, die Irrtümer vermeiden und Selbsttäuschungen abbauen hilft. Gleichwohl bleiben auch die demokratischen Öffentlichkeiten strukturell und diffus vermachtet und kennen daher keine Wahrheitsproduktion ohne Machtprojektion.[32]

Das demokratische Recht reagiert auf manche Tendenzen zur herrschaftlich verfestigten Vermachtung der Öffentlichkeit und setzt dabei an unterschiedlichen Symptomen an: mit dem Netzwerkdurchsetzungsgesetz und Verschärfungen von Meinungsdelikten wie Volksverhetzung in Deutschland sowie dem EU-Digital Services Act gegen *hate speech* oder mit dem französischen Gesetz gegen Fake News. Darin kommt Widersprüchliches zum Ausdruck: einerseits die Einsicht in die Bedeutung der Öffentlichkeitsinfrastruktur für die (auch moralische) Wahrheitsverpflichtung der Demokratie, um Chancen zum Meinungswechseln wieder egalitärer zu verteilen, weil Personen nicht mehr eingeschüchtert oder zum Schweigen gebracht werden.[33] Andererseits zeigt es auch das Wissen darum, dass Meinungsfreiheit – selbst eine so stark verstandene wie in den USA – von Hintergrundnormen lebt, die in der Regel nicht zur Disposition stehen.[34]

Zu den Hintergrundnormen gehört insbesondere die legitime Grenze des liberaldemokratischen Verfassungspatriotismus, das heißt die »Grundordnung« der streitbaren Demokratie. Nicht jede der oben genannten Regelungen lässt sich freilich so begründen; teils fehlt die vollständige Reflexion auf die drei Stufen der Bewirkungsmacht sowie die Bedeutung und Bedingungen von Urteilsrichtigkeit. Der Ansatz bei der Architektur von Infrastruktur wie etwa der Presse, des Rundfunks und zuvörderst der digitalen Netzwerke ist oft nicht konsequent durchgeführt, vor allem wenn im Mittelpunkt letzthin individuelle Strafrechtsverstöße stehen.

Strukturmodelle der Öffentlichkeit[35]

Für die Öffentlichkeit als potentiell aufklärende, Selbsttäuschungen abbauende, aber zugleich untilgbar vermachtete Einrichtung sind Diskussionen zentral, die Widerspruch ermöglichen. Daher drängt sich die Frage auf, ob solche Debatten eine eigene soziale Sphäre begründen oder schlichtweg omnipräsent sind, weil sie als Konstante der Kommunikationen jegliche Sozialität ausmachen. Es steht zu vermuten, dass die Öffentlichkeit begrifflich zwischen Ort und Prozess changieren muss, weil sie in ihrer kommunikativen Prozessualität eines Bündnispartners bedarf. Meine These lautet, dass die Diskursivität einen festen Zusammenhang einer funktionierenden Öffentlichkeit nicht aus sich selbst heraus schaffen kann, sondern ihn sich vom Markt oder vom Staat borgen muss. Ein solcher Öffentlichkeitsbegriff weist eine Nähe zu Konzeptionen der Zivilgesellschaft auf, die in dieser nicht einfach eine dritte Sphäre bestimmter Institutionen jenseits von Markt und Staat, wie beispielsweise menschenrechtsverteidigende Nichtregierungsorganisationen, sehen, sondern allgemeiner nach bürgerschaftlichen Praxen in allen gesellschaftlichen Sphären Ausschau halten.

Der Staat wie auch der Markt mögen auf diese Praxen der Öffentlichkeit angewiesen sein, vor allem aber gilt das umgekehrt im Sinne einer umfassenden Partnerschaft von Staat oder Markt und der kommunal-bürgerschaftlichen Sphäre des Öffentlichen.

Ohne Staat und ohne Markt kommt es zu keiner wirksamen Öffentlichkeit, die über ein bloßes Gespräch hinausgeht. Ihr Gepräge ist wesentlich davon abhängig, wer von beiden die Oberhand in ihr behält. Die Öffentlichkeit ist damit dafür verantwortlich, dass ein Machtkampf zwischen Staat und Markt tatsächlich stattfindet. Sie ist nicht einfach identisch mit »der Gesellschaft«, weil sie die »bürgerliche Gesellschaft«[36] der Bedürfnisregulierung am Markt nicht umfasst. Näher steht ihr der Begriff der Zivilgesellschaft der »Citoyens«, ist mit dieser aber nur in kommunikativer Hinsicht identisch. Sie firmiert als Gesellschaft in Hinsicht politischer Kommunikation, als Prozess-Ort der Politisierung und Kontingenzsicherung allzu erstarrungsgeneigter Verhältnisse.

Ohne sie müsste man von einem gegenseitigen Bedingungsverhältnis von Markt und Staat sprechen. Der Markt würde dann vom Staat mit Regeln und Sicherheitsressourcen ausgestattet, und der Staat wiederum mit Loyalität und Finanzen durch den Markt. Der bürokratische Staat kann so leidlich funktionstüchtig fortbestehen, der Markt als Gesellschaftsganzes auch. Man hätte es dann mit einer Art Proto-Totalitarismus zu tun, in dem der Staat ganz Staat und der Markt ganz Markt sein darf – aber ständig in Gefahr, das jeweils Andere zu überwältigen. Die Öffentlichkeit als Drittes sorgt dafür, dass sich eine Rivalität zwischen beiden entfalten kann, die verhindert, dass entweder der Staat oder der Markt einseitig-totalitär übernimmt. Daher erwächst der Ruf der Öffentlichkeit, demokratische Gemeinwesen zu ermöglichen.[37] Die Auflösung der Öffentlichkeit führt durch die daraus resultierende, ungefilterte Konfrontation zwischen Staat und Markt auf kurz oder lang zur totalitären Übernahme des einen oder des anderen.[38] Die Öffentlichkeit ist dabei nicht einfach ein Transmissionsriemen oder ein Mittler zwischen Staat und Bürger:innen, wie es häufig heißt, sondern der Ort der Konstitution von Staat und Markt als konkurrierende Entitäten des Gemeinwesens. Das geht über den landläufig aufgemachten Gegensatz von öffentlicher (authentisch) und veröffentlichter Meinung (kommerziell) weit hinaus. Ohne Öffentlichkeit wäre keine begriffliche Abgrenzung möglich, weil erst jene die Logik staatlich organisierter Gleichheit gegen die marktgesellschaftliche Egalitätsbehauptung in der Gütereigentumskonkurrenz des »geistigen Tierreichs« (Hegel) kommunikativ aufbieten kann. »Democracy Inc.«[39] und »Staatsbürokratische Ökonomie« stünden gleichermaßen als Möglichkeit vor der Tür.[40] Dank der ominösen Öffentlichkeit lässt sich der Markt-Staat-Dualismus als Konflikt konstruieren.[41]

In der digitalisierten Öffentlichkeit spitzen sich die Probleme zu, die der Machtkampf zwischen Staat und Markt verursachen kann. Die Grenzen öffentlicher Kommunikationsräume zum Internet des bloßen Verwertungsimperativs der GAFA (Google-Alphabet, Amazon, Facebook-Meta, Apple) sind hochgradig porös. Selbstbestimmung wird als bedingter Wettbewerbsvorteil zum Gaukelspiel für die Nutzer:innen. Da ungeklärt ist, wer in welchem Ausmaß Bündnispartner:in der digitalen Öffentlichkeit wird – Markt oder Staat –, ist ihre Funktionstüchtigkeit in Gefahr. Der Ausgang jenes Strukturkonflikts wird mit darüber entscheiden, wie sich die Gewichte zwischen Markt und Staat gesamtgesellschaftlich verschieben. Die Präfiguration eines kommenden Markt-Staat-Großkonflikts auf dem Terrain der digitalisierten Öffentlichkeit – dort insbesondere in der nutzerbasierten Kommunikation, teils auch bei den Suchmaschinen – lässt verschiedene Konkretionen einer Freiheit unter digitalen Bedingungen erkennen. Entweder kann der Markt seinen Akkumulationsprinzipien über die monopolistischen Digitalkonzerne freien Lauf lassen. Dabei wird Aufmerksamkeit prämiert, indem Konzerne psychische Schwächen ausbeuten, was jeder seriösen diskursiven Machtkontrolle zuwiderläuft und in weitem Umfang Selbstbestätigungsschleifen auslöst. Oder in einem zweiten Szenario kann der Staat Marktkräfte als Vollstreckerinnen staatlicher Regeln einsetzen, etwa als Ersatzgericht über Persönlichkeitsrechte, wie es Facebook zur Klärung rechtlicher Konflikte über seine Nutzungsbedingungen mit dem »Facebook Oversight Board« eingerichtet hat. Am Ende verlieren beide Seiten, da sie ihre jeweiligen Stärken (Allgemeinheit versus Bedürfnisorganisation) einbüßen. Drittens wäre eine wirksame staatliche Aufsicht denkbar, etwa mittels Behörden, die den zu definierenden treuhänderischen

Auftrag der Konzerne gegenüber ihren Kund:innen[42] überwachen. Viertens kann der Staat Monopole zerschlagen oder übernehmen.[43] Beides führt unter Umständen zu schwer behebbaren Defekten der dann entstehenden fragmentierten oder kooptierten Öffentlichkeit, etwa einem weitgehenden kommunikativen Separatismus oder einer übermäßigen Machtballung beim Staat, wäre aber gegebenenfalls eine notwendige Zwischenlösung. Um den aufgeführten Risiken beizukommen, wäre es allerdings noch vorteilhafter, wenn die digitale Öffentlichkeit sich letztendlich commons-haft beziehungsweise genossenschaftlich und selbstverwaltet organisieren würde. Dafür braucht sie den Staat als regulatorischen und womöglich auch fiskalischen Bündnispartner gegen den Markt.[44] Genau darin bestünde die Bedeutung eines womöglich notwendigen CPP (Commons-Public-Partnership) in der digitalen Informationsinfrastruktur.

Es geht um den Staat als Garanten von Unordnung – eine Aufgabe, die ihm erst unter den modernen Bedingungen einer menschenrechtlich aufgehobenen Rechtsordnung zugewachsen ist.[45] Der Staat muss unter digital-öffentlichen Bedingungen Kontingenz sichern und so konkrete Freiheit ermöglichen.

Aus den im Folgenden zu skizzierenden Idealtypen der Öffentlichkeit lassen sich Anhaltspunkte für eine spezifisch digitale Öffentlichkeit gewinnen, die das politische Dasein zu dominieren beginnt – insbesondere in der jungen Generation. So lässt sich schemenhaft eine digitale Sittlichkeit bestimmen, die die gegenwärtig erkennbaren Aporien moralischer oder juridischer Regulierung in der Aneignung dieses digitalen Raums aufhebt. Weder juristische *hate speech*-Verfolgung noch moralische Hashtag-Kampagnen können in der digitalen Öffentlichkeit maßgebliche Veränderungen herbeiführen. Dem Dritten der Öffentlichkeit (neben Markt und Staat) fehlt das Dritte einer Sittlichkeit (neben Moral und abstraktem Recht).

Unterscheiden lassen sich vier verschiedene idealtypische Varianten der Öffentlichkeit: das Gewimmel, die Widerspiegelung, die Masse und die Vernunft. Dank dieser vier Begriffsfelder lässt sich ermitteln, welche Phänomene und Zielvorstellungen die künftige

Konstitution einer staatlich garantierten Kontingenzsphäre (CPP) auch unter Digitalbedingungen erleichtern oder behindern können.

Das Gewimmel

Öffentlich ist das Gewirr der Stimmen, die Vielstimmigkeit oder Polyphonie. Wer etwas sagt, tut das öffentlich, sobald er zu etwas beiträgt. Begrifflich geht es um ungeordnetes, nur zufällig gemeinsames Handeln, spontane Kollektivität. Sie ist unübersichtlich, beweglich, kennt viele Richtungen: der Ort der Unbestimmtheit, an dem flüchtig zusammenkommt, was auseinanderstrebt. So wächst hier nichts dauerhaft zusammen. Es wird sich kein Konsens bilden, wenn man sich auf die Signifikanten nicht einigen kann. Solche Gewimmel-Öffentlichkeit erfüllt im besten Sinne ihren eigenen Zweck. Sie ist der Ort, an dem der Mensch der Einsamkeit entfliehen und sich als soziales Wesen bewähren kann, mal mit stolzem Trotz, mal mit ausgeprägter Herdenliebe. Das Gewimmel ist das Sinnbild der verallgemeinerten Handlungsfreiheit: tun – und eben nicht nur haben –, was man will.

Die Widerspiegelung

Allgemeine Handlungsfreiheit gewährt der Staat nur in Schranken, denn er fürchtet die Risiken der Spontaneität. Der Mensch, der sich dem fügt, wird zwar weiter Meinungen äußern, sich versammeln und vereinigen, aber nur in vorgezeichneten Bahnen. Er wird nicht versprengt chaotisieren und nicht wimmeln, sondern lässt sich und seinen »Diskurs« ordnen. Dabei spiegelt er, was er in anderen sieht. Schließlich setzen die anderen nicht allein durch ihre Präsenz Regeln. Der andere kann jede:r auch selbst sein beziehungsweise das zu Vollziehende, was das Ich als Anderer eigentlich will. Die Widerspiegelung mindert für alle Seiten Risiken, sie schafft eine Öffentlichkeit der teils verinnerlichten Vorhersagbarkeit. Die selbsttransparente Gesellschaft wird möglich, um den Preis, dass sie auch transparente Gesellschaft ist. Dies ist eine Öffentlichkeit, welche sich der Staat halten mag – als regelhaft verallgemeinerte.

Die Masse

Umgekehrt kann die Gesellschaft sich auch fremd werden, und mit ihr die einzelnen Glieder, die zu reizgesteuerten Bütteln der Profitmächte degenerieren können. Dann lassen sie sich restlos in ein System der Bedürfnisse integrieren, das den Willen auf eine Naturgewalt zurückzuwerfen versucht. Die Einzelnen vermassen, gestehen sich alles Angebotene zu – es entspricht ja angeblich dem Bedürfnis – und finden scheinbar immer nur das, was sie gesucht haben. Individualität wird Schein, Kollektivität Trug, das Lernen ausgesetzt. Hören wird man, was man zuvor gedacht hat, und sagen, »was man denkt«. Dies ist die Öffentlichkeit, wie sie sich der Markt ausmalt.

Die Vernunft

Es regt sich dagegen: die Vernunft. Sie stellt Fragen wie: Soll sich im Öffentlichen nicht Wahrheit finden lassen? Soll die öffentliche Erkenntnis nicht kompensieren, was die Einzelnen nicht wahrnehmen? Im Gespräch der Vielen soll sich – unter mehr oder weniger autoritären Bedingungen des zwanglosen Zwangs – Wahrheit entbergen. Die Kommunikationsvielfalt reift zur Gemeinschaft und wird gar als Apriori der Ort des moralischen Urteils.[46] Oder ist es als Apriori nicht vielmehr ein Nicht-Ort? Die Öffentlichkeit scheint sich abzuschaffen, wenn sie nur noch Maßstab des Handelns ist statt das Handeln selbst. Das Resultat einer solchen wimmelfreien Öffentlichkeit ist keimfrei, weil man weder hinaus noch surfen gehen muss, um sich in ihr zu bewegen. Damit steht sie immer kurz davor, mit dem Urteilen des ganz individuellen Oberstübchens in eins zu fallen. Juristisch institutionalisiert sie sich in Verfahren der Repräsentation, die durch Auslese verfeinern sollen, was spontanen Kollektiven oft eher schlecht gelingt: Meinungsbildung, deren Verbindlichkeit nicht nur imperativ, sondern auch kognitiv ist. Meinungsbildung durch Repräsentation schneidet freilich in der Regel so viele argumentative Möglichkeiten ab, wie sie neue gewinnt. Deshalb muss die Vernunft weniger keimfrei auch auf der Straße, im Kommentarblock oder im Chatroom gesucht werden. Ob man sie dort, beziehungsweise überhaupt, findet, steht dahin.

Diese vier Vorverständnisse der Öffentlichkeit sind schwer auf einen Nenner zu bringen, denn sie lassen sich von verschiedenen Gegensätzen leiten.

Das Gewimmel bringt auf den Begriff, was man sich von der Abkehr vom gepflegten Privatismus erhofft (oder befürchtet). Das Öffentliche ist voller Begegnungen, unberechenbar, der Ort der Kreativität, wo Neues anfängt. Ohne Erfahrungen des Anderen gibt es weder Intersubjektivität noch Interaktion oder Kommunikation. Verbindliche Verständigung ist hier vorläufig nicht geplant.

Die Widerspiegelung stellt eine teils furchtbesetzte Vision einer staatlich dirigierten Sphäre vor, in der die Einzelnen nicht romantisch sie selbst sein können, sondern eine Rolle zu spielen haben. Das Öffentliche hat hier etwas Offiziöses an sich; es ist verregelt. Die Künstlichkeit der Rollen schafft eine reflexive Distanz, die das Geschehen in den vom Staat verordneten Grenzen weniger herrschaftlich erscheinen lässt, denn über Regeln kann man sich lustig machen.

Genau daran gebricht es der Öffentlichkeit der Masse, weil sie immer alles ernst nehmen muss, was ihr als impulsiver Wunsch widerfährt. Die Freiheit, die sie meint, ist von irreflexiver Art. Sie zeigt gerne vor, was sie hat. Über das Tun zu ihrem Sein findet sie nicht. Ihre verantwortungsentlastete Diversität ist noch keine lernende Ver-Anderung. Unschwer erkennt man in ihr ein Paradigma der heutigen Tage, an »umgekehrten Totalitarismus«[47] gemahnend. Der Markt will uns als Andere, aber anders will er uns nicht.

Der Gegensatz zur Vernunftöffentlichkeit – genauer: Vernunft durch Öffentlichkeit – ist ein Partikel mit ungeläutertem Eigensinn. Konsens-Vernunft kann mit der Widerspiegelung etwas anfangen, hätte es jedoch gern etwas reflexiver, vor allem theoretisch hin und her schreitend. Sie möchte sich die anderen in ihrer lästigen Körperlichkeit wegdenken, ohne dass der durch ihre Wandlungen von hier nach dort, von diesem zu jenem bewirkte Fortschritt entfiele.

Insgesamt lässt sich eine Öffentlichkeit, in der es wimmelt, sich widerspiegelt, massiert und vernünftelt, schwer zusammendenken. Gerade deshalb dürfte das in etwa die reale Öffentlichkeit in ihrer Widersprüchlichkeit einfangen, wobei der Schwerpunkt zwischen Staats- (öffentlicher Rundfunk) und Marktnähe (Digitalkommunikation) variiert.

Dabei ist nicht gesagt, ob Markt- oder staatliche Regellogiken, Spontaneität oder Rationalität dominieren. Hingegen scheint sicher, dass sich die Grenzlinie von Staat und Markt nur dann sinnvoll ziehen lässt, wenn die Öffentlichkeit existiert. Stehen sich Fabrikationsstätten oder Gewerbe und Zirkulation einerseits und die symbolische Verkörperung der Einheit wie eine zentrale Verwaltung andererseits unvermittelt gegenüber, kann man vielleicht von einem Gemeinwesen (Commonwealth, Republik) als Zusammenschluss von verschiedenen Personen- und Sachverbänden sprechen, doch nicht von Staat und Markt als eigene Sphären dieses abstrakten Gemeinsamen. Das Öffentliche entsteht erst mit und aus dem Widerspruch dieser beiden; es besetzt einen geistigen und immer häufiger auch spatialen Zwischenraum kommunikativer Freiheit des »Denkens des anderen« diesseits vom »Haben« des Marktes und dem »gleichen Sein« des Staates. Es begründet erst so etwas wie den Staat als Negation des Marktes.

Es empfiehlt sich hier, im konkreten, nicht länger abstrakten Sinn von Republik zu sprechen, weil sie die Künstlichkeit der Trennung von Staat und Markt ins Gedächtnis ruft und so allerlei verfehlte Vorstellungen über die notwendige Abschirmung des einen von dem anderen aufhellt. Nicht zuletzt die Institution der Rechte kann davon profitieren, wenn ein republikanischer Geist den Staat und den Markt als in der Öffentlichkeit immer neu abschichtbare Entitäten begreift. Die Öffentlichkeit erlaubt die Infragestellung jedes (ungleichmäßigen) Habens, wie es Grund und Grenze des Marktes bildet, durch Logiken des Seins im nach Vernunft suchenden, zwischen Verblendung und Verregelung pendelnden, wimmelnden Zwischenraum des neu gefundenen Dritten. In diesem lässt sich weder erwerben (Haben begründen) noch herrschen (Ungleichheit begründen).

Stattdessen wird in der Öffentlichkeit kommuniziert; es werden Worte geäußert und bestenfalls ausgetauscht, die kontingente Intersubjektivität des Meinens mit einkalkuliert. Sie kann auch mit sich selbst sprechen, meist zählt sie aber auf andere und die Ernennung zur aktiven oder passiven Teilhaberin. Die Öffentlichkeit muss die Freiheiten der kontingenten Intersubjektivität zur Geltung bringen, von mittlerer Normativität im Vergleich zur normativ schwachen, subjektiven Eigentumsberechtigung und der stark normativen, notwendig intersubjektiven Gleichheit.

Freiheit bedeutet hier schon mehr als die Hobbes'sche Bewegungsfreiheit, die als Grenzfall noch zum Haben zu zählen ist, soweit sie einen persönlichen Raum schützt, der durch Konkurrenz abgerungen ist oder ein Forum darstellt. Das kommunikative Freiheitsmoment ist dialogisch und im Regelfall auf den Anderen als Gegenüber bezogen. Kommunikation ist mithin ein Schritt der demokratischen Selbstrelativierung (Partikularisierung versus Universalisierung) und dient der Gesellschaftsbildung und damit der Herstellung einer aufgeklärten Öffentlichkeit (Publizität).[48]

Die Öffentlichkeit ist der Ort eines praktisch wirksamen Denkens, also einer aktiven Tätigkeit. Das Kommunikative ist in seiner »Geistigkeit« jedoch stets zugleich vermachtet – eine Kommunikationsfreiheit ohne materiell *gleiche* Bewirkungschancen wäre keine effektiv menschenrechtliche, also egalitäre Freiheit. Dies widerspricht dem seit Anbeginn der bundesdeutschen Verfassungsrechtsprechung zur Meinungsfreiheit wiederholten Dogma, diese könne nur geistige Freiheit einer rein mittelbaren Bewirkung sein. An dieser zentralen Stelle will sich das um Formalität bemühte Recht[49] von der von materiellen Machtverhältnissen durchzogenen politischen Gesellschaft abdichten.[50] Der Begriff der Öffentlichkeit als immer schon machtinformierte Ermöglicherin des Konflikts zwischen Markt und Staat sperrt sich aber gegen eine solche Reduktion auf das Ideal. Wo immer es um die politische Meinungsfreiheit einer demokratischen Öffentlichkeit geht – ob auf dem Wege individueller oder institutioneller (Presse, Rundfunk) Rede, politisch eingreifender Kunst oder Wissenschaft –, ist die Abstraktion von materiellen Bewirkungschancen fehl am Platze. Was für eine privatistisch verkürzte Rede-, Kunst- und Wissenschaftslizenz gelten mag, die sich systemintegrativ von politischen Machtfragen abgeschieden wähnt, kann für öffentlich-demokratisch verstandene Freiheitsrechte nicht gelten. Das kann man paradigmatisch von der unmittelbar-demokratisch gedeuteten Versammlungsfreiheit als Fixstern des Rechts auf Protest lernen, die ihrerseits vermeintlich liberal von vielen Stimmen zur geistigen Freiheit verkürzt wird,[51] wozu auch die deutsche Rechtsprechung oft neigt.

Der Staat hat ein republikanisches Selbstbehauptungsinteresse an der Erhaltung der Öffentlichkeit. Seine Gewährleistungsfunktion kann so weit gehen, dass er ein Presse- und Vereinswesen subventioniert. Letzteres ist in Europa weit verbreitet, von steuerlichen Vorteilen im Gemeinnützigkeitsrecht bis zu Zuschüssen für zivilgesellschaftliche Gruppen.[52]

Doch auch Medienbeihilfen sind einigen Ländern seit langem bekannt; geschickt hat man das damit verbundene Abgrenzungsproblem im deutschen Recht des öffentlichen Rundfunks über eine Beitragskonstruktion gelöst. So kann ein Vorwurf, der Staat halte sich seine Medienöffentlichkeit, nicht seriös erhoben werden. Interessant ist, von wem entsprechende Verlautbarungen heute stammen. Offenbar sind es Kräfte, die in ihrem Furor gegen die derzeitige Organisation der Öffentlichkeit mangels Sympathie für chaotisches Gewimmel oder Vernunftbindung den umgekehrten Totalitarismus des Marktes befördern wollen.

Ihr politisches Angebot, ohnehin von steriler Plastikhaftigkeit, hat sich von diesem Standpunkt konsequent kommodifiziert. In Wahrheit handelt es sich um einen Kampf gegen die Öffentlichkeit *tout court* oder zumindest um eine Reduktion auf ihren vermassenden Typus. Der Massentyp der Öffentlichkeit scheint seit einigen Jahren seine Spielwiese schwerpunktmäßig in digitalen Öffentlichkeiten gefunden zu haben. Das mag verwundern, weil über längere Zeit im digitalen Raum ein Höchstmaß an fluider Individualisierung vermutet wurde. Diese Diagnose ist zwar nicht falsch, aber einseitig undialektisch; denn gleichzeitig mit dem Narzissmus der kleinen Unterschiede erblüht ein neuer

Konformismus geteilter subjektiver Gewissheit ohne vermittelnde Objektivität (Shitstorms, *hate speech* etc.).

Mittlerweile gilt es einerseits als widerlegt, dass Filterblasen-Effekte ein Spezifikum des digitalen Raums darstellten. Warum sollte ein kommunistisches Kaffeekränzchen oder ein rechtsradikaler Stammtisch auch grundlegend anders funktionieren als die selbstgewählte Freundesgruppe in digitalen Netzwerken? Eine besondere Lust am Widerspruch dürfte stets nur eine Minderheit empfinden. Andererseits ist zutreffend, dass die Dominanz der um wenige Emoticons bereicherten Sozialtechniken des Likens und Teilens eine Tendenz zur gedankenarmen Affirmationsspirale in sich birgt. Narzisstische Verhärtungen können sich so leichter herstellen als in der weniger kontrollierbaren Kneipenöffentlichkeit. Identitäres Gewissheitsstreben nimmt unter digitalen Bedingungen augenscheinlich zu.

Eine Öffnung des Geistes ist freilich weder unter digitalen noch analogen Bedingungen durch bestimmte Strukturen einfach herzustellen. Was ist/war denn unter analogen Bedingungen eine Offenheit verbürgende Öffentlichkeitsstruktur? Die Antwort muss von den oben vorgestellten Grundtypen der Öffentlichkeit ausgehen.

Eine gute Kandidatin scheint das Gewimmel zu sein, denn das Chaotisieren sichert zufällige Begegnungen ab. Es entsteht die objektiv-reale Möglichkeit von unvorhergesehenen Treffen und Konfrontationen. Konkret lässt sich eine derartige Öffentlichkeit vor allem durch sozialräumliche Durchmischung, universalen Schulzugang, barrierearme Behördenorganisation erreichen. Das Stichwort lautet Desegregation. Ihre Bedingung ist rechtliche und ökonomische Egalisierung. Es ist wenig überraschend, dass stärkere Gleichheit vor allem in Bezug auf Mobilität und Ortswahl mehr Kreativität und Originalität zulässt. Das Wort von der »Gleichmacherei« war nie mehr als eine Finte einer abstrakten Freiheitsprätention. Ein Gewimmel müsste bestenfalls sogar durch eine Art indirektes Subventionssystem für originelle Provokationen abgestützt werden, die nur in der Breite gedeihen. Zu denken wäre etwa an ein genossenschaftlich oder staatlich organisiertes, unabhängiges Förderungswesen für Medien und Kultur.[53] Kontingenzsicherung hat ihren finanziellen Preis, der kollektiv aufzubringen ist.

Diese Überlegungen lassen sich auf den digitalen Raum übertragen. Kommunikative Freiheit, also die objektiv-reale Möglichkeit, anders zu denken und dies zu verbreiten und damit kontrollierende oder anregende Impulse in rechtlich-staatlichen und privaten Herrschaftssphären zu setzen, bedarf einer anspruchsvollen Infrastruktur digitaler Sittlichkeit. Es ist nicht zielfördernd, sogleich Solutionismus (Weltverbesserung durch Big Data) zu wittern, wenn von Idealist:innen technische Vorschläge gemacht werden, um politische Probleme zu lösen. Genauso wäre es verfehlt, jegliche bürokratische Intervention, wie im Falle des Netzwerkdurchsetzungsgesetzes oder des darauffolgenden Digital Services Act der EU (DSA), als staatliche Übernahme zu denunzieren.

Eine solche Sittlichkeit müsste rein moralische Lösungen aufheben. Das ist dringend erforderlich, weil die Versteifung auf Moralität zu negativen Folgeerscheinungen wie digitalen Hetzjagden, Shaming oder Shitstorms führt, die vielleicht gelegentlich politisch angemessen sein mögen, aber in der Form eine geistige Entleerung bedeuten. Die Frage hinter einer Frage wird hier regelmäßig verfehlt; Personen mit ihren Intentionen und Motiven geraten aus dem Blick. Es wird schnell und autoritär abgeurteilt. Autoritäre Denkstile, die solcherart Debatten prägen, sind einem Gewimmel-Ideal in ihrer Tendenz zur Verklumpung völlig abträglich. Bestimmte unaufgeklärte, weil unreflexive Varianten der Vernunft – »Furien des Verschwindens« von schädlicher Abstraktion, also Vereinseitigung und Reduktion – können sich hier mit »umgekehrt-totalitären« Vermassungstendenzen paaren und so weite Teile der derzeitigen Netzöffentlichkeit beeinflussen.

Gleichzeitig sollte die digitale Sittlichkeit aber auch nicht rein legal verstanden werden. Weder formalistische Netiquette-Regeln für ein soziales Kommunikationsverhalten im Internet noch umfangreiche privat- oder öffentlich-rechtliche Regulierung versprechen Abhilfe. Besonders fragwürdig wird es, wenn der Staat abstrakt reguliert, aber die konkrete Verantwortung für die Verfolgung an Netzkonzerne delegiert. Auf diese Art wird die Öffentlichkeit zu einem Ort, der keine Grenze zwischen Staat und Markt mehr zu stabilisieren vermag. Rein legale Lösungen entlarven sich schon durch den Rückgriff auf derartige Behelfsmanöver als untauglich. Sie können darüber hinaus, wenn überhaupt, nur Exzesse gegen Individualrechte wie Verletzungen des Persönlichkeitsrechts und der Menschenwürde *(hate speech)* in den Griff bekommen. Bei kollektiven sittlichen Gütern wie der Wahrheits- und Sorgfaltspflicht im Journalismus wird jede gesetzliche Lösung aporetisch, siehe das Fake-News-Gesetz von 2018 in Frankreich: Dem Staat fehlen die Aufsichtsbeamt:innen, eine funktionsfähige »Wahrheitsaufsicht« über die Medien würde allerdings auch totalitär wirken. Daher verpflichtet das Gesetz die Unternehmen zu Berichten über ihre Bemühungen; diese berufen sich für die wesentlichen Fragen, etwa über ihre Algorithmen, auf das Geschäftsgeheimnis, also das Gesetz der Konkurrenz. Weder Wettbewerb noch staatliche Steuerung ermöglichen augenscheinlich die angestrebte Sittlichkeit.[54]

Die Moralität und Legalität aufhebende Sittlichkeit könnte die digitale Öffentlichkeit als gemeinwesenhaften Ort jenseits von Markt und Staat sichern. Die Nutzer:innen und Teilhaber:innen würden so die Gelegenheit bekommen, sich diese Sphäre anzueignen. Das könnte durch eine Dekommodifizierung dieses Raums gelingen. Dazu müsste freilich der politisch nicht unwesentliche Schritt einer Vergesellschaftung (nicht: Verstaatlichung) der Digitalkonzerne ins Auge gefasst werden. Die Schwierigkeiten eines solchen Kraftakts müssen hier nicht ausgebreitet werden, sie sind am ehesten mit der Zerschlagung der Trusts in der sogenannten progressiven Ära der USA zu Beginn des 20. Jahrhunderts zu vergleichen.

Sittlichkeit setzt reflexive Gewohnheitsbildung voraus, allerdings die Bildung eigener Gewohnheiten. Auf Plattformen, deren Eigentümer:innen letztlich an die Daten der Nutzer:innen wollen, kann aber niemand solche eigenen reflexiven Gewohnheiten entwickeln. Die Reflexion bricht sich am stahlharten Gehäuse der

Profitsuche mittels Datenverwertung. Eine offene, kontingenzsichernde Öffentlichkeit kann so nicht entstehen.

Den Schritt der Vergesellschaftung können nur die Staaten und ihre Verbünde gehen – etwa die EU –, im Sinne ihre Bürger:innen. Der Staat ist dann Verbündeter einer neu zu strukturierenden Öffentlichkeit, einer Zivilgesellschaft kommunikativer Freiheit. Wenn diese im Markt so schlechte Bündnispartner:innen hat wie derzeit, bleibt realistisch betrachtet keine objektive Möglichkeit, um der konkreten Utopie kommunikativer Freiheit in einer Öffentlichkeit näher zu kommen, die Markt und Staat wieder trennen kann. Lösungen wie Treuhänderpflichten der Konzerne[55] bleiben auf halbem Wege stehen, weil sie zwar handfeste Skandale abstellen mögen (wie im Fall »Cambridge Analytica«, einer Firma, die zugunsten von politischen Kandidat:innen und Kampagnen massenhaft Daten für das gezielte digitale Ansprechen von Wähler:innen sammelte), aber keine Bedingungen für die Mündigkeit der Nutzer:innen schaffen. In der Coronapandemie ist deutlich geworden, dass die digitale Öffentlichkeit wesentliche Funktionen erfüllen kann und der Staat über erstaunlich viele mobilisierbare Mittel verfügt. Dies legt nahe, dass die digitale Sittlichkeit eines eigenen Raums, für den wie für den Staat gemeinsam Verantwortung getragen wird, zur Verwirklichung drängt.

Die digitalisierte Öffentlichkeit der Gegenwart, die unter dem Vermassungsdruck privater Konzerne leidet, kann sich nur dann zum Gewimmel und zu etwas Vernunft vorarbeiten, wenn sie mehr Widerspiegelung zulässt, sich also von der früher prägenden Staats- und Regulierungsaversion löst. Die EU schreitet seit geraumer Zeit auf diesem Weg voran, wenngleich bisher rein technokratisch-ordnend. Der Staat wird gebraucht, um die Machtverhältnisse zugunsten einer sittlich funktionierenden gesellschaftlichen Öffentlichkeit zu verschieben – ob durch die Vergesellschaftung von Digitalkonzernen oder durch Pressesubventionen. Dies würde in der Abkehr vom Abstrakt-Herrschaftlichen der gesellschaftlichen Öffentlichkeit in ihrer konkreten Pluralität erst gerecht werden. Dass dieses Dritte jenseits von Markt und Staat[56] möglich ist, wäre unter digitalen Bedingungen neu unter

Beweis zu stellen, in einer Makrovariante des auf verschiedenen Ebenen eigentlich nötigen Commons-Public-Partnership – statt der in der Realität bisher dominierenden Privatisierung.[57]

Machtkritik als Kerninhalt politischer Meinungsfreiheit

Die Sittlichkeit, die sich in der digitalen Öffentlichkeit erst noch heranbilden muss, statt als Unsittlichkeit auf den analogen Raum auszustrahlen, darf weder rein moralisch noch allein rechtlich verstanden werden. Sie muss vielmehr genuin politisch sein, das heißt: Sie muss sich für Fragen der Organisation, Eigentumsverhältnisse, Rituale, Gewohnheiten und Muster sowie alle Dimensionen der Macht interessieren. Das verbindet die Sittlichkeit der Öffentlichkeit mit dem Geltungsgrund der Meinungsfreiheit im Politischen. Wenn das Bundesverfassungsgericht Meinungsfreiheit verhandelt, schützt es dabei traditionell besonders jede verbale Form der Machtkritik. Denn anders als man annehmen könnte, interessiert sich das Gericht sehr wohl für die Art der Gegner:innen konkreter Meinungsäußerungen. Gegenüber mächtigen Gegner:innen darf man sich besonders grober rhetorischer Mittel bedienen.

Hier haben sich allerdings jüngst Verschiebungen in Richtung eines schlecht begründeten Idealismus ergeben, die mit der bisherigen Rechtsprechungstendenz brechen. Demonstriert hat das der Fall der früheren Bundesministerin Renate Künast. Eine machttheoretische Aufklärung hin zu einer wirkungsorientierten politischen Freiheit des Meinens wäre gegenüber dieser neuen Volte zur Geltung zu bringen.[58]

Die Grünen-Politikerin Künast hatte in den 1980er Jahren die sehr fragwürdige permissive Position ihrer Partei zur Pädophilie dem Anschein nach zu verteidigen gesucht. Ein entsprechender parlamentarischer Zwischenruf wurde vor einigen Jahren nochmal als stark veraltetes »Skandalon« im Wahlkampf thematisiert. In einer entstellten, missverständlichen Version verbreiteten

Nutzer:innen diese Äußerung in digitalen »sozialen« Netzwerken. Daraufhin erhob sich der erwartbare Sturm der wütenden Entrüstung, der sich bei zahlreichen Kommentator:innen in heftigen persönlichen Angriffen auf Künast entlud. Diese Äußerungen sind aus Stilgründen und auch wegen ihrer inhaltlichen Armut hier nicht zitierbar. Künast zog gegen diese Kommentare durch alle Instanzen; dabei ging es ihr um eine Verpflichtung des Plattformbetreibers zur Herausgabe der Daten der Nutzer:innen, um gegen sie letztlich strafrechtlich wirksam vorgehen zu können. Zum Erstaunen und zur öffentlichen Empörung vieler urteilten sowohl das Berliner Landgericht als auch mit Abstrichen das Kammergericht meinungsliberal und beriefen sich bei ihren für Künast enttäuschenden Entscheidungen insbesondere auf die Linie des Bundesverfassungsgerichts. Dieses zeigte freilich in einem Kammerbeschluss von 2021 auf, dass es sich grundlegend missverstanden fühlte.[59]

Im Ganzen lässt sich der Beschluss vorrangig als Aufforderung zur Abwägung lesen. Außerdem verstärkte Karlsruhe den Schutz von Politiker:innen (Rn. 35), insbesondere im schriftlichen Medium der digital-sozialen Netzwerke. Die bemerkenswerte Volte der Kammer bestand nämlich darin, nicht nur schriftliche Medien wie Facebook vom sprichwörtlichen Wirtshausgespräch scharf abzugrenzen (das war schon vorher Stand der Rechtsprechung), sondern auch Politiker:innen im Gegensatz zu anderen öffentlichen Personen einen besonderen Schutzbedarf zu attestieren. Denn wenn diese alle Verbalinjurien straflos erdulden müssten, verlöre ihr Berufsstand massiv an Attraktivität, was möglicherweise die Demokratie selbst in Gefahr brächte, meinte das Gericht. Der Beschluss wurde mit seiner sich andeutenden effektiven Hierarchievergessenheit gespalten aufgenommen.

Einerseits kann die Linie des Gerichts unzweifelhaft als Zeichen der fortschreitenden liberalen Zivilisierung verstanden werden, einer zugemuteten Sensibilisierung, des allseitigen Drangs zur Empathie und damit der konsequenten Selbstentfaltung des modernen Individualismus. Dazu gehört ein sich seit Jahrzehnten ausweitender Gewaltbegriff, der auch psychische individualisierte

Gewalt einschließt (aber weniger strukturelle Gewalt berücksichtigt, was vor 50 Jahren deutlich präsenter war). Beleidigung wird als »Hass« und »Hetze« (nicht: Volksverhetzung!) wahrgenommen und öffentlich stärker tabuisiert als früher. Die Sensibilität, auch die Verletzlichkeit scheinen gewachsen zu sein – schaut man nur auf individuell zurechenbare Taten und benennbare Täter:innen.

Darin kann man einen kulturellen Gewinn sehen, da es das Zusammenleben angenehmer und komfortabler macht. Selten wird diese eigentlich offenkundige Entwicklung öffentlich gewürdigt. Es verhält sich wie ehedem mit der Gleichheit, die nach Tocqueville unersättlich ist: Je größer die gesellschaftliche Gleichheit, desto mehr stören die verbliebenen, kleineren Ungleichheiten. Verbleibende Disharmonien fallen angesichts zunehmender Komfortansprüche umso stärker ins Auge. Dabei ist der sogenannte Hass noch eine relativ gesunde und alltägliche Art der Aggressionsbewältigung – jeweils natürlich abhängig davon, wie und gegen wen er sich äußert. Insgesamt bleibt eine stärkere Selbstbeschränkung der Einzelnen einerseits ein Gewinn für Zivilität im ursprünglichen Sinne liberaler Umgangsformen.

Andererseits entsteht rasch eine Spannung mit dem politischen statt bloß kulturellen Strang des Liberalismus. Schließlich kommt die universale Freiheit des weit verstandenen Gewissens und die daraus folgende Freiheit, sein Groß-Gewissen zu entäußern, frei und möglichst unbefangen zu reden, jedem und nicht nur dem zu, der die Regeln des bürgerlichen Anstands zu wahren weiß. Es gibt eine Art Pöbelrecht als Recht des Pöbels, zumindest im politischen Liberalismus der großen US-Tradition der Redefreiheit. Man sollte sich – gerade im Politischen – beleidigen können und dürfen. Schließlich geht es um viel, vor allem für die Schwachen, weniger für die Politiker:innen. Man muss daher streng darauf achten, nicht mit klassistischen Maßstäben an das Phänomen der vermeintlich enthemmten Digitalrede heranzugehen. Die demokratiespezifische Revolutionssucht und das Verlangen nach radikaler Gleichheit in der Demokratie muss allerlei Grobheiten aushalten – gerade auch im Internetzeitalter, in dem jeder frei veröffentlichen darf (nicht nur in Presse und Kunst, vom Gangster-Rap bis zu

Böhmermann'schen Schmähgedichten), manchmal ohne zu ahnen, dass man nicht im privaten, sondern halböffentlichen Raum seiner (vielleicht berechtigten) Wut freien Lauf lässt.

Die Entfesselung des Affekts betrifft dabei alle Seiten, sie ist nur dialektisch zu begreifen: Hass und Empörung und dann wieder Hass brechen sich jeweils ungefiltert, irrational Bahn; beidseits tritt ein roher, sei es sympathischer oder unangenehmer, Affekt auf den Plan anstelle eines wahrhaft rationalen, immer auch Böses einschließenden. Besser wäre vielleicht zu fragen: Muss man sich für den Schund der anderen interessieren, zumal im halbprivaten Raum der digitalen »sozialen« Medien?

Der BVerfG-Beschluss ließ demgegenüber eine gewisse, professionstypische Abneigung gegen Emotionen, »Hass« und Stimmungen im Allgemeinen erkennen und zollte der Bedeutung der Affekte für die Demokratie zwar rein verbal Tribut, ohne dass daraus aber die gebotene Gleichbehandlung der affektgeladenen Meinungsbeiträge folgen würde. Damit gab er sein überholtes, cartesianisches Menschenbild eines leibfreien Geistes zu erkennen.

Aus dem beschriebenen Dilemma – kulturliberale Zivilität gegen politisch-liberalen robusten, auch wütenden Streit – folgt ein typisches unglückliches, entzweites Bewusstsein der Demokrat:innen. Wohin sollen wir uns wenden: zu kontinentaler Befriedung des Denkens, Fühlens und schließlich auch des Handelns oder zu US-amerikanischer, die Revolutionssucht der Demokratie wachhaltender, gleichwohl nie schrankenloser starker Redefreiheit? Politisch mag das in Europa umstritten bleiben. In jedem Fall kann aber eine juristische Arbeit am Begriff dabei helfen, von der in erster Linie denunziatorischen, analytisch nichtssagenden Rede von »Hass« wegzukommen. Insbesondere auch die so gern behauptete Kausalität »Hass« gleich physische Gewalt ist streng genommen unbewiesen und unplausibel, das Gerede davon sicher schädlich für die gesellschaftliche Freiheit aller Demokrat:innen.

Die hier umrissene liberale Entzweiung ist typisch für fortschrittsverpflichtete Demokratien. Man kann sie als ein Bewegungsprinzip der Demokratie selbst charakterisieren. Jedoch ist in Reaktion auf die geringe Plausibilität einer ihrerseits affektbetonten Empörung über den »Hass« eine Reform der juristischen Dogmatik zur Meinungsfreiheit anzudenken, die sich insbesondere mit dem selbigen »Hass« in der Rede befasst.

Weder ist eine gewährende Freigabe sinnvoll, die jede Form der Beleidigung unter den Schutz der Verfassung stellt (im Gegensatz zur strafwürdigen Verleumdung oder üblen Nachrede). Darauf liefe die durchaus vertretbare Position hinaus, die den Beleidigungstatbestand per se (und nicht nur wegen seiner problematischen Unbestimmtheit) für verfassungswidrig hält. Das ginge wohl zu stark an der Schrankenregelung der Meinungsfreiheit vorbei, die das »Recht der persönlichen Ehre« ausdrücklich nennt. Beleidigungen sind als Ehrverletzungen damit schon kraft des Verfassungstextes von der Redefreiheit – auch im politischen Raum der Öffentlichkeit – ausgenommen.

Noch aber kann der Status quo befriedigen, den der Künast-Beschluss ein weiteres Mal verfestigt hat. Dass Machtkritik, sofern sie pöbelnde Formen annimmt, engere Schranken gezogen werden sollen, wenn es um Mächtige (namentlich Politiker:innen) geht, kann nicht überzeugen.

Geboten ist nun allerdings keine goldene Mitte, sondern ein Nachvollzug der dialektischen Extreme (Adorno), die das Grundgesetz selbst im Interesse der Freiheit vorgibt. Daraus folgt unmittelbar, dass eine Interpretation der Meinungsfreiheit als bloße Abwägungsposition ohne klaren Vorrang fehlgeht (einen solchen Vorrang der Meinungsfreiheit wollten das Land-, teils auch das Kammergericht erkennen). Die Priorität für die freie Rede ist durchaus eine sinnvolle Leitlinie, sofern es um das Öffentliche geht, um alles, was politisch zur Debatte steht, wo Uneinigkeiten und Machtkonflikte, mithin Demokratie herrschen. Das folgt nicht aus einem schlicht postulierten Vorrang, sondern aus der korrekten Interpretation der Schrankenregelung der Meinungsfreiheit.

Allgemeine Gesetze als Schranke der Meinungsfreiheit

Allgemeine Gesetze sind einerseits die wesentliche Schranke der Meinungsfreiheit nach dem deutschen Grundgesetz und sichern gleichzeitig den kollektiven Prozess freier Meinungsbildung ab. Diese Tradition des Nachdenkens über *free speech* geht auf den US-Theoretiker Alexander Meiklejohn zurück und wurde in der Bundesrepublik insbesondere von Helmut Ridder und seiner Schule aufgegriffen.[60] Prägend war für beide die »Sorge um die Demokratie als gesellschaftliches Experiment«.[61] Ridder wie Meiklejohn waren sich einig, dass eine eindeutige und gegenwärtige Gefahr für zu schützende Rechtsgüter anderer vorliegen muss, um gegen Meinungsäußerungen einzuschreiten. Demgemäß betrachteten sie die bis zur zäsurhaften Brandenburg-versus-Ohio-Entscheidung des US Supreme Court[62] geltende Redefreiheitsschranke als potentiell illiberal. Das schlug sich in der Tatsache nieder, dass das Gericht gegen die zweite große Kommunistenverfolgung unter Senator McCarthy in den 1950er Jahren nicht einschritt, so wie es bereits die erste Red-Scare-Phase im und unmittelbar nach dem Ersten Weltkrieg widerstandslos begleitet hatte.[63] Ridder begrüßte ausdrücklich Meiklejohns Bevorzugung der öffentlichen Redefreiheit im Gegensatz zu privaten Rechten wie dem Eigentum, die jederzeit im Gemeininteresse einschränkbar seien. Öffentliche, auch radikale Rede sei als »eine Art parlamentarischer Immunität« für alle Bürger:innen zu begreifen.[64] Dahinter steht bei beiden Verfassungsrechtlern eine Theorie von der bereits oben erwähnten revolutionssüchtigen Demokratie, deren Evolution zur verwirklichten Selbstregierung keineswegs abgeschlossen ist. »Damit die Partizipation als politisch Gleiche an der Entscheidungsfindung dazu führt, dass die Unterordnung unter die Gesetze nicht zur Unterwerfung gerät, muss diese Partizipation frei von jeglichem Ausschluss oder staatlicher Einflussnahme erfolgen.«[65] Die Gesellschaft ist Teil des Staates, zugleich steht sie aber in ihrem öffentlichen Teil neben ihm und darf hier von ihm nur durch »vorbeistreifende« statt »einschränkender« Gesetze (Helmut Ridder) reguliert werden, etwa im Sinne des

Gebotes demokratischer Selbstorganisation wie in der Parteienfreiheit nach Art. 21 GG, aber auch der Antidiskriminierung und des Ehrschutzes.

Die Kehrseite der demokratisch-kollektiven Deutung der Meinungsfreiheit ist die Interpretation der »Allgemeinheit« der beschränkenden Gesetze im doppelten Sinne. Denn die wahre Meinungsfreiheit ist nicht die Ausgrenzungsfreiheit privater Willkür des Habens und des Gelderwerbs, sondern immer schon vergesellschaftete Freiheit gemeinsamer Selbstentfaltung, Interessenverständigung und Wahrheitssuche. Demgegenüber ist eine rein private Meinungsfreiheit (etwa kommerzieller Natur) vom Grundgesetz nicht von vornherein geschützt, sondern bleibt abwägbar.

Gesetze, die die Meinungsfreiheit beschränken, müssen formal generell und dürfen kein Sonderrecht sein, aber auch materiell universal, und das bedeutet inhaltlich zur Nichtdiskriminierung gem. Art. 3 GG beitragend. Daraus folgt – entgegen der häufig anzutreffenden Präferenz von Verteidiger:innen einer starken Äußerungsfreiheit – eine legitime Beschränkung dieser Freiheit bei eindeutig (evident und nicht anders deutbarer) rassistischer, antisemitischer, sexistischer, homo- oder transphober Rede. Überdies gilt eine Beschränkung auch in Momenten höchster Gefahr für den Bestand der Kommunikationsgemeinschaft.[66] Ansonsten sind nur gewährleistende und demokratisierende Normen erlaubt, vor allem die dringend gebotene Plattformregulierung. Die neuerdings wieder gern bemühte freiheitliche demokratische Grundordnung ist hingegen keine allgemeine und damit zulässige Schranke, sondern nur, wenn sie einen grundrechtlichen Menschenwürde- respektive Gleichheitsbezug herstellt.

Das bedeutet für die sogenannte Hassrede: Der Beleidigungstatbestand an sich ist kein allgemeines Gesetz, sondern verwirklicht nur das ebenfalls wörtlich genannte Recht der persönlichen Ehre als »außerordentliche« Schranke. Dort kommt es dann an auf eine Bestimmung dessen, was Ehre bedeutet – und zwar rein individuell, gelöst vom (etwa politischen) Amt. In der demokratischen Gesellschaft wird man Ehre sehr zurückhaltend deuten müssen. Im Ergebnis wäre wohl stets erst ein Bezug zur Menschenwürde als Höchstwert der Verfassung herzustellen. Einen Ehrenbonus für politische Amtsträger:innen darf es dementsprechend nicht geben.

Im Fall Künast hätte sich das Bundesverfassungsgericht auf das Gebot der Nichtdiskriminierung Künasts als Frau, also auf die unerträglichen sexistischen Ausfälle einiger Nutzer:innen, konzentrieren, aber auch beschränken sollen. Der Meinungsfreiheit hat das Gericht bei allem anzuerkennenden kulturellen Zivilisierungswillen keinen Dienst erwiesen. Es sollte sich künftig stattdessen an Meiklejohns und Ridders Konzeption einer dezidiert demokratischen Meinungsfreiheit orientieren, die sich effektiv nur durch substantiell – formal-generelle und materiell-universale – allgemeine Gesetze beschränken lässt. Das Gericht hätte so mehr Begriffs- und weniger Abwägungsarbeit zu leisten.

Wenn das Grundgesetz das unglückliche demokratische Bewusstsein besser widerspiegelt, das politisch wollen muss, was es kulturell oft nicht wollen kann, wäre daran zu erinnern, dass derlei ideelle Zerrissenheit eine materialistische, machtinformierte Schwester hat, die zum eben begründeten Allgemeinheitsverständnis politischer Rede zurückführt: das sogenannte *double consciousness* im Sinne des Rassismustheoretikers William Du Bois.[67] Dieses könnte durchaus auf jede Erfahrungserkenntnis randständiger beziehungsweise machtarmer Personen übertragen werden, nicht nur im Sinne einer weit verstandenen Intersektionalitätstheorie, sondern als adornitisch-materialistischer Einbruch in Hegels Dialektik des unglücklichen Bewusstseins.

Solch eine machtarme Person würde zwar durch den Blick der Gesellschaft und ihre notwendige Anpassung daran von ihrer Emanzipation zunächst zurückgehalten, wessen sich die Person im Gegensatz zu den Machtüberlegenen aber auch bewusst wäre, wodurch sie ihre Zerrissenheit letztlich zur Stärke ummünzen könnte. Es findet sich hier eine Art Herr-und-Knecht-Figur, in der bekanntlich allein der Knecht die Befreiung erreicht. Das doppelte Bewusstsein wäre Sinnbild einer Fähigkeit zur Machtkritik. Diese wäre notwendig, um ein allgemeines Recht auf politische

Meinungsfreiheit in einer zunächst vom unglücklichen Bewusstsein geplagten demokratischen Gesellschaft mit ihrer kulturell, aber nicht politisch angestrebten Gewaltabstinenz umzusetzen. Diejenigen mit doppeltem Bewusstsein sollten aufgrund ihrer materiellen Deprivilegierung mehr aus ihrem politisch verstandenen Rederecht machen dürfen. In der Folge könnten sie die Gesellschaft zunehmend von deren unglücklichem Bewusstsein der Zerrissenheit erlösen.[68]

Keineswegs hinreichend wäre die seit einiger Zeit verbreitete Schein-Lösung der schönen Seele, die es nach Selbstreflexion und daraus folgender moralischer Selbstrechtfertigung gelüstet, indem sie sich ihre Privilegien bewusst macht. Das schadet nicht, hilft aber auch nicht. Die Freiheit zieht sich auf diese Weise nur in die Innerlichkeit zurück, statt nach materieller Wirkkraft zu streben. Diese sollte aber eine Theorie des Rechts auf Protest versuchen, gerade durch politische Meinungsäußerungen durchzusetzen. Der inneren Einkehr vorzuziehen wäre eine Selbstentäußerung in Kunst, die durch phantasievoll Neues konkret negieren will. Ein weiterer Schritt vorwärts gelingt durch die Technik des kollektiven Sich-Widersetzens.

Inwieweit eine juristische Entscheidung über die individuellen Kommunikationsfreiheiten auch die unmittelbar-materielle Bewirkung, also die Chancen auf Erfolg politischer Redebeiträge in ihre Beurteilung einbeziehen sollte, wird nun anhand einiger zeitgenössischer Rechtsfälle erläutert. Die idealerweise egalitäre Wirkungsdimension von politischer Rede in die Rechtsprechung zur Meinungsfreiheit einfließen zu lassen, würde der herausragenden Bedeutung dieses Grundrechts für die Protestative gerecht werden.

Whistleblowing

Beim Whistleblowing handelt es sich um eine seit etwa 15 Jahren politisch breit diskutierte Ungehorsamspraxis, die im privatwirtschaftlichen Raum so weitgehend durch nationale und EU-Rechtsänderungen legalisiert worden ist, dass man beinahe vergessen könnte, dass es sich hierbei oft immer noch um praktizierten Rechtsungehorsam handelt. Die Demokratisierung der Sittlichkeit ist in diesem Feld einerseits geradezu spektakulär. Es gilt aber andererseits nicht zu vergessen, dass die kontroversesten Fälle nach wie vor nicht den Verrat von illegalen Betriebsgeheimnissen, sondern von illegalen Staatsgeheimnissen betreffen. Hier kommt der demokratisch stets umstrittene, aber kaum absolut in Frage gestellte Wert des staatlichen Geheimnisschutzes ins Spiel.

Für die Bundesrepublik war die einschlägige rechtshistorische Zäsur der Fall Pätsch, der in der sogenannten Abhöraffäre des westdeutschen Bundesamtes für Verfassungsschutz kulminierte. Das Bundesverfassungsgericht urteilte 1970 gegen den Whistleblower Pätsch, der massenhafte illegale Abhörpraktiken des Amtes gegenüber seinem Anwalt aufgedeckt hatte, ohne sie in der Behörde vorher anzusprechen.[69] Der Hintergrund war, dass seine Kolleg:innen überwiegend NS-belastet waren und sich Pätsch ihnen deshalb nicht anvertrauen wollte. Das Gericht priorisierte jedoch bei der Abwägung mit der Meinungsfreiheit eine »ordentlich funktionierende« Verwaltung.

Diese Entscheidung kann bis heute befremdlich wirken. Sie ist nur konsequent, solange man die Wirkungsmacht der politischen Rede ausblendet. Die Frage, welche Chance Pätsch gehabt hätte, innerhalb des Amtes mit seiner Beschwerde durchzudringen, ohne sich unzumutbare Repressalien zuzuziehen, berücksichtigte Karlsruhe dementsprechend nicht. Ebenso wenig reflektierte das Gericht, welchen materiellen Unterschied es in einer sich allmählich demokratisierenden Gesellschaft ausmachte, die NS-Belastung des Amtes gemeinsam mit den Rechtsverstößen öffentlich zu thematisieren.

Wie im Pätsch-Fall ist in den berühmten internationalen Fällen der letzten Jahre (insbesondere Snowden und Manning) ohne Zweifel neben Loyalitäts- beziehungsweise Treuepflichten ein darüber hinausgehendes Staatswohl oder nationales Sicherheitsinteresse berührt. Das besagt nicht unbedingt, dass dieses vom Menschenrechtsschutz und der demokratischen Kontrolle gedanklich abgelöst werden muss. Diese Abstraktion gelingt nur, wenn die unmittelbaren, materiellen öffentlichen Wirkungen der geschaffenen Transparenz nicht in die rechtliche Würdigung der vorausgehenden Kommunikationsakte einbezogen werden. Allein die bloß geistige Deutung der Whistleblower-Äußerungen ohne Blick auf ihren materiellen, machtdurchzogenen Kontext mag es sinnvoll erscheinen lassen, Regierungsmitarbeiter:innen auf den Dienstweg zu verweisen – oder bestimmte Geheimnisse für absolut geschützt zu halten, weil das »Staatswohl« vorgehe.

Die Rechtswissenschaftlerin Samira Akbarian wertet die juristische Beurteilung dieses Akts des Ungehorsams recht optimistisch, denn dieser »klärt über Sachverhalte und Rechtsverstöße auf, die für die politische Meinungsbildung von entscheidender Bedeutung sind, und entspricht damit dem Leitbild von Öffentlichkeit, das die demokratische Gesellschaft verfolgt. Die Gesetzgebung reagiert durch die teilweise Legalisierung von Whistleblowing, indem sie die Aufklärung von Missständen nicht mehr sanktioniert. Der Ausgleich zwischen den Interessen, den rechtsstaatliche Konzeptionen durch ihren anspruchsvollen Kriterienkatalog finden, entspricht insofern den grundsätzlichen Vorstellungen des demokratischen Rechtsstaats, als Aufklärung durch Ungehorsam, soweit dieser den Kriterienkatalog erfüllt, vielfach zumindest retrospektiv legalisiert wird.«[70] Den Optimismus, der angesichts manch positiver legislativer Entwicklungen insbesondere im Arbeitnehmerschutz durch die EU begründet scheint, muss man gleichwohl etwas dämpfen, weil Gerichte in den kritischen, machterschütternden Fällen im Zweifel ein »höherrangiges Verfassungsgut« finden könnten, welches die politische Redefreiheit aussticht.

Meinungsfreiheit im Arbeitsverhältnis

Es gehört zu den Paradoxien demokratischer Rechtsstaaten, dass sie lange Zeit die Meinungsfreiheit allein auf den Staat und seine Politik, nicht aber auf die Sphäre der Erwerbsarbeit und der Unternehmen erstreckt haben. Noch heute können arbeitsvertragliche Treuepflichten das Recht auf freie Meinungsäußerung sehr weitgehend außer Kraft setzen, soweit das Arbeitsverhältnis »konkret berührt« ist und es um die Geschäftsinteressen privater Unternehmer:innen geht. Für die Demokratisierung der Wirtschaft liegen hier ganz abgesehen von einer nötigen Ausweitung der Mitbestimmung wichtige Ansatzpunkte.

Ähnliches gilt auch für den Staat als Arbeitgeber. Das demonstriert der Fall der Lehrbeauftragten Bahar Aslan an der Polizeihochschule Münster, die dort das Fach Interkulturelle Kompetenz vermittelte. In der Entscheidung des Verwaltungsgerichts Gelsenkirchen heißt es: »Am 20. Mai 2023 veröffentlichte die Antragstellerin folgende Kurznachricht, sogenannter Tweet, auf Twitter (jetzt: X): ›Ich bekomme mittlerweile Herzrasen, wenn ich oder meine Freundinnen in eine Polizeikontrolle geraten, weil der ganze braune Dreck innerhalb der Sicherheitsbehörden uns Angst macht. Das ist nicht nur meine Realität, sondern die von vielen Menschen in diesem Land‹. Bereits zuvor hatte die Antragstellerin folgende Kurznachrichten verfasst: ›Ja ich sympathisiere mit Linksextremisten! Und wissen Sie was? Ich werde morgen @derrechterand abonnieren und finanziell unterstützen, also quasi ihre Steuern in die #Antifa investieren. Sie dürfen sich gerne bei meinem Dienstherren über mich beschweren, BildungslandNRW‹ (29. Januar 2021) ›Was ich mir als PoC-Lehrerin, die aktivistisch ist, anhören muss: ‚Sie müssen sich entscheiden wie öffentlich Sie sein möchten Frau Aslan. Wenn sie zu sehr in der Öffentlichkeit sind, dann ist vielleicht der Lehrerberuf nicht passend für Sie.' Aha! Und was ist mit Björn Höcke?‹ (17. April 2021). Mit E-Mail vom 22. Mai 2023 wandte sich die Antragstellerin an den Antragsgegner und teilte mit, ihr sei zugetragen worden, dass sie aufgrund ihres Tweets vom 20. Mai 2023, der eine Hasswelle gegen ihre Person ausgelöst habe, ihren Lehrauftrag nicht mehr ausüben dürfe.«[71]

Das Gericht mahnt zu einer Gesamtbetrachtung und *entscheidet* im Ergebnis richtig, ohne allerdings zutreffend zu *urteilen*. Denn die Berücksichtigung der Wirkungsdimension hätte dazu führen müssen, Bahar Aslans Position als durch eine mögliche rechte Unterwanderung der Polizei konkret gefährdete Person in den Urteilsgründen zu reflektieren. Zudem lässt sich mit der

Positionierung als Aktivistin für Gleichberechtigungsfragen samt daraus folgenden unbequemen Meinungsbekundungen in einer republikanischen Demokratie kein Zweifel an der Eignung für eine staatliche Tätigkeit begründen. Anders wäre die Lage bei einem antidemokratischen Engagement, da dieses die Grundordnung der Verfassung berührt. Bei Bahar Aslan stand derlei aber nie in Rede. Die Normen über Mäßigung und Zurückhaltung der Beamt:innen und Staatsangestellten sind daher mit äußerster Zurückhaltung anzuwenden, wenn sie mit einer wirkmachtinformierten Meinungsfreiheit im Einklang stehen sollen.

Protestkunst

Das Peng-Kollektiv, eine Protestkunstgruppe, suggerierte den Facebook-Nutzer:innen in einem Video zu einer fiktiven »Seebrücke des Bundes«, die Bundesrepublik wolle alle aus Seenot im Mittelmeer geretteten Geflüchteten für mehr als ein Jahr aufnehmen. Dazu nutzte sie offizielle Logos des Bundesinnenministeriums. Die Bundesrepublik verklagte die Gruppe wegen einer sogenannten namensrechtlichen Zuordnungsverwirrung (§ 12 BGB) auf Unterlassung. Das Landgericht ließ das Argument der Meinungs- und Kunstfreiheit nicht gelten: »Entscheidend ist auch diesbezüglich, dass die Zuerkennung eines namensrechtlichen Unterlassungsanspruchs vorliegend nicht zur Folge hat, dass das künstlerische Wirken des Erstellers des streitgegenständlichen Videos eingeschränkt wird. Es ist und bleibt nicht schlechthin unzulässig, den Namen des BMI in einem satirischen bzw. parodistischen Video zu verwenden, sondern lediglich dann, wenn dies wie in der konkreten Verletzungsform geschieht, wo weder durch klarstellende Hinweise noch aufgrund des Kontextes, in welchem das Video abrufbar ist, die Gefahr einer Zuordnungsverwirrung hinreichend ausgeräumt ist.«[72]

Aus der Beurteilung des Gerichts spricht wiederum die aus manchen Entscheidungen bekannte idealistische Verkürzung der Grundrechte aus Art. 5 I, III GG (Meinungs- und Kunstfreiheit).

Ironischerweise schützt das Bundesverfassungsgericht seit jeher neben dem Werk auch den Wirkbereich der Kunst. Doch ist damit nicht primär die materielle Bewirkungsdimension der Kunstproduktion gemeint, sondern er bezieht sich auf die traditionellen Verbreitungswege einer nicht als machtrelevant eingeschätzten Kunst. Wäre die Wirkung der Aktion »Seebrücke des Bundes« thematisiert worden, hätte das Gericht anerkennen müssen, dass der eminent politische Provokationsgehalt nur durch die Nutzung des Logos ohne implizite oder explizite Klarstellung seine volle Wirkkraft entfalten konnte. Die Rahmung als satirische Aktion hätte verhindert, dass das Publikum für einen kurzen Moment innehält und annimmt, dass die Bundesrepublik wider Erwarten ihre humanitären Verpflichtungen tatsächlich ernstnehme, worauf die bittere Erkenntnis – parallel zur Fallhöhe deutscher Ansprüche und Selbstbilder – auf dem Fuße folgen musste. Die Drastik der Aktion hätte sich eingerahmt und abgewogen nicht entfalten können. Dafür müsste ein Gericht Sensibilität beweisen, was eine Umstellung auf die Perspektive effektiver Freiheiten der Protestative voraussetzte.

Anders verhält es sich mit einer berühmten Aktion des Zentrums für Politische Schönheit (ZPS), bei der dem Gericht eine solch sensible Würdigung weitgehend gelang.[73] Das ZPS hatte auf dem Nachbargrundstück des AfD-Politikers Björn Höcke einen Stelenwald errichtet, der an das Berliner Holocaust-Mahnmal erinnern sollte, das Höcke ein Mahnmal »der Schande« genannt hatte. Zudem sollte ein »bürgerschaftlicher Verfassungsschutz« Höckes Haus von außen überwachen, etwa mittels Drohnen. Das Landgericht urteilte überwiegend zugunsten des ZPS, weil der Wirkbereich der Kunstfreiheit wie auch die Meinungsfreiheit es geböten, eine »kunstspezifische« Betrachtungsweise anzulegen, die auch Gesichtspunkte der ästhetischen Wirkung und der Machtkritik durch politische Rede einzubeziehen habe.

Eine vergleichbare republikanische Sensibilität für Aktionskunst ließ das Berliner Landgericht im Fall »Soko Chemnitz« erkennen,[74] in dem das ZPS eine vermeintliche Denunziationswebsite der Polizei als »Service für Arbeitgeber« für Teilnehmende der rechtsextremen Chemnitzer Großdemo im Sommer 2018 eröffnete. Auch hier setzte das Gericht auf eine spezifische Betrachtung, die auf Aktionskunst zugeschnitten war. Noch wesentlicher als die Reflexion auf die Position des ZPS als künstlerische Vereinigung erscheint hier gleichwohl diejenige auf die Rolle der Klägerin als digital stark öffentlich hervorgetretene Person, die sich durch ihr politisches Kommunikationsverhalten deutlich exponiert hat. Dieses verfassungsgerichtlich etablierte Argument des Rechts auf einen politischen »Gegenschlag« ist in seiner Praxis- und Performanzorientierung ein ermutigender Anhaltspunkt für ein macht- und wirkungssensibles Urteilen über politische Freiheitsrechte. Wer emotionalisiert angegangen wird, muss danach nicht sachlicher erwidern.[75]

Adbusting

Das Überkleben und oft kunstfertige Verändern kommerzieller oder staatlicher Werbeplakate, etwa von Polizei oder Bundeswehr zur Rekrutierung, ist in den letzten Jahren eine besonders hervorstechende Protestpraxis geworden. Das verwundert wegen der zentralen Bedeutung der Reklame für die gesellschaftliche Reproduktion im Kapitalismus nicht. Erstaunlich ist vielmehr die Vielzahl denkbarer Strafrechtsverstöße (etwa Sachbeschädigung) und zivilrechtlicher Ansprüche (etwa aus dem Urheberrecht) beim Adbusting, auch wenn jede rechtliche Bewertung hier besonders stark vom Einzelfall abhängt.[76] Hinter dieser Protestform stehen in der Regel bestimmte Kollektive, ähnlich wie Peng oder ZPS; diese ist trotz des unter Umständen beeinträchtigten Eigentums womöglich von der Meinungs- und Kunstfreiheit gedeckt.[77] Das gilt insbesondere in Konstellationen, in denen das oben erwähnte Recht zum Gegenschlag besteht. Da die Werbung von geistigen Grobheiten durchsetzt ist, wird man satirischer Verfremdung einen großen Entfaltungsraum einräumen müssen. Auffällig ist gleichwohl die oft nahezu hyperaktive Strafverfolgung beim Adbusting – als nähmen die Ermittlungsbehörden an, hier im ideologischen Zentrum der gesamten Gesellschaftsordnung zu operieren, und als hätten sie es mit einer waffentragenden statt mit einer Kommunikations-Guerilla zu tun.[78]

Machtsensible Meinungsfreiheit

Musikkunst kann – etwa 2021 in der Affäre um den antiroyalistischen spanischen Rapper Pablo Hasél, der nach angeblich den König beleidigenden Texten zu neun Monaten Haft verurteilt wurde, was einen kleinen Aufstand auslöste[79] – bis zu Anklagen wegen Terrorismusunterstützung führen. Adbusting wird von Sicherheitsbehörden mitunter sogar ebenfalls in die Nähe des Terrorismus gerückt. Der demokratische Staat scheint Meinungsäußerungen und Protestkunst in einigen Fällen für durchaus machtrelevant zu halten. Nur so sind die teils überraschend scharfen Reaktionen zu erklären. Gelassen bleiben Sicherheitsorgane vor allem dann, wenn sich einzelne Meinungsäußerungen oder künstlerische Aktionen gesamtgesellschaftlich neutralisieren. Indes können manche Formen politischer Rede durch Widerspruch anmeldende Einzelpersonen oder Protestkollektive Machtverhältnisse durchaus destabilisieren. Gerade dann wird der Grundrechtsschutz hinsichtlich seiner effektiven Wirkungsdimension aktiviert. Zwar haben Meinende oder Künstler:innen kein Recht, anstelle der politischen Institutionen Entscheidungen zu treffen, doch darf ihnen der Staat nicht das Recht auf ein eigenes protestatives Urteil nehmen. Als Paradigma dieses Rechts kann man die Kraftrede bezeichnen, die die Rechtsprechung von der Hass- und Hetzrede abzuheben hat.

Rede ist als politische performative und wirksame Handlung zu begreifen, deren Einflusschance das Recht – unter demokratischer Prämisse – schützen muss. Die Verfassung möchte hier zwar wie alles Recht formal sein, kann es aber nicht. Denn sie ist die Schleuse des politischen Konflikts in die integrative Rechtsordnung. Sie hebt den Konflikt dialektisch auf, nicht schlicht eliminatorisch.

Das Recht muss den demokratischen Legitimationsgehalt politischer Rhetorik und von ihr ausgehender Machtverschiebungen aufgreifen. Meinung, Presse, Kunst und Wissenschaft haben jeweils das Potential zur politischen Handlung und müssen das Primat des Hörens in einer Demokratie gegenüber dem Sprechen und Sehen anerkennen. Demgemäß kann das Widersprechen effektiv emanzipieren, wenn es theoretisch sozialisiert und materialisiert wird. Die Verfassungsordnung bietet dazu allerhand Ansatzpunkte, ist gleichzeitig aber weiterhin vom hegemonialen individualistisch-überidealistischen Meinungsbegriff geprägt.

Positionen wie die von Meiklejohn, Ridder oder Cass Sunstein weisen die Richtung, in die zu denken wäre. Das Verfassungsrecht muss sich – ähnlich wie in bestimmten vertragsrechtlichen Konstellationen[80] oder teils im Eigentumsverfassungsrecht[81] – weiter materialisieren, das heißt machtsensibel zeigen. Es kann nicht bei einer rein formalen Unterstellung der Gleichheit stehenbleiben. Die demokratische Norm gebietet, dass jeder Staat nur so weit existiert, wie er sich in einem öffentlichen Prozess auf diese Meinungshandlungen des politisch urteilenden Souveräns materiell gleichberechtigter Mitglieder gründet.

Die Priorisierung des Hörens statt des Redens gebietet bei vielen Rechtsverstößen einen zweiten Blick und mindestens eine verfassungsrechtliche Kontrolle der Sanktionen. Die Unterscheidung von Tatsachen und Werturteilen verliert für die Zuordnung zur Meinungsfreiheit weiter an Gewicht, denn gerade das Ringen um die Tatsachen – und wie sie gewichtet werden – kennzeichnet den demokratischen Prozess genauso wie das Werten. Beide wären nicht einmal dann vollständig trennbar, wenn man von Machtfragen abstrahieren wollte – bezieht man diese ein, wird die Trennung logisch unmöglich. Jenseits von Relativismus und Dogmatismus muss die republikanische Praxis des Widerspruchs rechtlich gewährleistet werden, denn sie leistet einen effektiven Beitrag zum Abbau von Irrtümern und Selbsttäuschungen kognitiver oder moralischer Art. Die demokratische »Grundordnung« dient mithin nur als letzte Schutzschranke vor diskriminierender psychischer Gewalt – auch in der Variante der Volksverhetzung.

Eine absolute Meinungsfreiheit kann es daher selbst unter republikanischen Vorzeichen eines robusten Rechts ohne falschen Idealismus nicht geben. Die demokratische Hörer-/Systemorientierung jenseits kontextvergessener Redefreiheit bringt hingegen liberalere Ergebnisse als die individualistisch-liberale Theorie hervor. Dabei interessiert sich die demokratische Deutung der Redefreiheit nicht für den womöglich antiemanzipatorischen Gehalt einzelner Äußerungen – sehr wohl aber für die Problematik einer in abstrakter Negation vorgetragenen Kritik. Abstrakt negierend sind Instanzen des Widersprechens, die sich auf Äußerungen anderer nicht einlassen und einen externen Wahrheitsanspruch vertreten, der nicht mehr als demokratieimmanente Kritik zu verstehen ist. Im Hintergrund steht dann nämlich ein isolierter Überwältigungs- respektive Herrschaftsanspruch, der sich mit den demokratischen Grundnormen nicht verträgt, weil er die Selbstbestimmung anderer leugnet und keine tätig-mutige Selbstreflexion betreibt.

Machtvolle Sprechakte sind der zentrale Gegenstand des demokratisch-paradigmatischen Rechts auf Protest – die erste Stufe vor dem Sich-Widersetzen und dem Neu-Verfassen. Die Dimensionen des nicht gefühlten, sondern erklärbaren »Nicht-sagen-Könnens« als Machtfragen geraten dann ins Blickfeld der Meinungsfreiheit, statt als »informell« und daher unjuristisch gelten zu müssen. Die Chance auf effektive Rede verdient, das ureigene Thema des Verfassungsrechts zu werden. Voraussetzung dafür ist, Form, Inhalt und Position von Meinungsakten im weiten Sinne dialektisch zusammenzudenken und daraus juristische Schlüsse zu ziehen.

SICH-WIDERSETZEN

Der Übergang des Widersprechens zum Sich-Widersetzen ist wichtig. Die Grenze zwischen beiden lässt sich indes nicht immer leicht ziehen, wenn Meinungsfreiheit nicht auf ihren Idealgehalt reduziert wird. Die Tathandlung des Sich-Widersetzens deutet eine rohe Körperlichkeit als Machtpotential an, das eine mögliche Nähe zur physischen Gewalt und zudem zur Kollektivität aufweist, die häufig eine Gelingensbedingung darstellt. Deutlich stärker als auf der ersten Stufe des Protests im Widersprechen kommt das Phänomen notwendiger Unwahrheit ins Spiel. Es zeigt sich eine Kehrseite des Nicht-Kommunikativen oder Nicht-Wahrheitsfähigen im Protest – dieses Moment der Nichtwahrheit gilt es genauer zu erfassen, was im Folgenden geschehen soll. Dies bietet den Anker für staatliche Regulierungen des Sich-Widersetzens. Und doch gilt festzuhalten, dass das Wahrheitsfähige am sich widersetzenden Protest unantastbar bleiben muss.

Ein anderer Ausdruck für das Sich-Widersetzen ist das Revoltieren. Die Revolte kann als fast naturalistischer respektive existentialistischer[82] Ober- oder Grundbegriff dienen, um das Feld der zweiten Protestrechtsstufe zu kartieren.[83]

Demonstrationen als Revolten

Entgegen einem landläufigen Vorurteil sind Revolten nicht einfach gewaltsam, während sich Demonstrationen durch ihre Friedlichkeit auszeichnen. Als neben dem Streik hervorstechende Gestalt des Sich-Widersetzens bringen Demonstrationen auch nicht schlicht eine bestimmte Meinung zum Ausdruck, die die

Teilnehmenden in groben Zügen teilen – während Revolten etwas Ungezügelt-Irrationales, Gedankenarmes an sich hätten.

Die Meinungsäußerung ist zwar in aller Regel geistiger Inhalt der Demonstration. Doch wird man das Wesen der Demonstration nur in Rücksicht auf ihre besondere Form ergründen. Diese Form ist die Kollektivität in Ko-Präsenz. Diese ist auch virtuell-digital denkbar, was sich aber postpandemisch nicht durchzusetzen scheint. Das Leibhafte der versammlungskonstitutiven Präsenz heben auch verfassungsgerichtliche Urteilssprüche hervor.[84]

Zu bedenken gilt es dabei, wie Demonstrationen in erster Linie die Aufmerksamkeit der Öffentlichkeit und der staatlichen Politik erlangen. Entscheidend sind weder die Slogans oder konkreten Forderungen noch die politischen Hintergründe der Teilnehmenden. Vielmehr sind zwei Gesichtspunkte der Kollektivität der Demonstration maßgeblich: Wie viele Teilnehmer:innen sind anwesend und wie verhalten sie sich gegenüber Dritten? Oder: Wie groß ist das Kollektiv und wie steht es zu seiner Umwelt? Es geht um die Physis des Kollektivs: die Zahl und die (vermeintliche) Gewalt.

Die Versammlungsfreiheit ist zwar ein Recht, das Individuen ermächtigt, aber nur zu kollektiver Aktion. Das ist schon für sich genommen bemerkenswert, denn liberal im engen individualistischen Sinne ist das offensichtlich nicht. Die Französische Revolution, maßgeblich vom liberalen Bürgertum getragen, hatte dementsprechend intellektuelle Schwierigkeiten mit einem solchen wesentlich kollektiven Recht. Als starke Form kollektiver Freiheit fand ausgerechnet der Streik sehr früh Eingang ins vordem sehr individualistische französische Recht, unter dem populistisch-bonapartistischen Autokraten Napoleon III.[85] Die Versammlungsfreiheit hingegen ist bis heute im kodifizierten französischen Recht nur negativ-indirekt enthalten.[86]

Umgekehrt findet sich im deutschen Recht eine umfangreiche Regulierung dieser Freiheit, gerade weil sie staatlicherseits als polizeilich einzuhegende Gefahrenquelle (insbesondere in Gestalt der sozialistischen Bewegung) begriffen wurde – gültig seit dem Reichsvereinsgesetz von 1907 und nur unterbrochen durch die revolutionär-liberale Weimarer Phase des Rechts des Rats der Volksbeauftragten von 1918.[87] War dieses Reichsvereinsgesetz, das bis in die gegenwärtigen deutschen Versammlungsgesetze und das begleitende Strafrecht fortwirkt, ein Gefahrenabwehrgesetz, ist die Verfassungsrechtsprechung mit dem Leitentscheid zur Großdemo am Atomkraftwerk Brokdorf (1985) stärker der liberaldemokratischen Linie gefolgt, die die postrevolutionäre Phase ab November 1918 gekennzeichnet hatte. Dies ist eine der fast vergessenen Errungenschaften der ersten deutschen Republik aus ihrer bis heute kaum gewürdigten Revolution, die auch die spätere Weimarer Rechtsprechung zu politischen Versammlungen noch prägen sollte. Die wichtigsten Punkte der Brokdorf-Entscheidung, in vielerlei Hinsicht eine Zäsur im deutschen Versammlungsrecht, waren die Bewilligung von Spontandemonstrationen ohne Anmeldung (und daher ohne frühe polizeiliche Präsenz), die strikte Kontrolle der polizeilichen Gefahrenprognose, ein strenger Verhältnismäßigkeitstest hinsichtlich polizeilicher Maßnahmen und das Gebot der Toleranz gegenüber vereinzelten Straftaten bei einem friedlichen Gesamtbild. Weniger einem postrevolutionären Erbe als einem kulturellen Fortschritt im institutionellen Selbstverständnis geschuldet, und aufgrund einer zunehmenden Aversion gegen offene physische Gewalt entstanden, sind schließlich die bis heute essentiellen, wenngleich nicht immer befolgten Gebote einer »bürgerpolizeilichen« Kooperation von Staat und Bürger:innen und einer deeskalierenden Polizeistrategie. Gleichwohl stellte Brokdorf nicht in jeder Hinsicht eine Zäsur dar,[88] denn bis heute sind Polizeistrategien (Hamburger Strenge versus Berliner Deeskalation),[89] präventive Verbote und Auflagen sowie versammlungsbegleitende Straftaten, etwa das Vermummungsverbot, hoch umkämpft – wie sich in den letzten Jahren besonders deutlich bei Demonstrationen mit Nahost-Bezug zeigte, die der Staat im Gegensatz zur typischen Neonazidemo oft mit präventiven Verboten belegte.[90] Hier scheint sich mit der Coronapandemie eine vorher überwunden geglaubte Praxis unbestimmter und meinungsbasierter Gefahrenprognosen eingeschliffen zu haben, der die Gerichte nicht immer hinreichend Einhalt gebieten. Zugleich haben die neuen Landesversammlungsgesetze nach der Föderalismusreform keineswegs überall Liberalisierungen bewirkt.[91]

Die spezifische Kollektivität der Demonstration

Welche Form von Kollektivität wird nun spezifisch in der Demonstrationsfreiheit, verstanden als Unterfall der Versammlungsfreiheit, rechtlich konstituiert? Kollektivität kann rechtlich höchst unterschiedliche Gestalt annehmen. Individuen können schlicht aggregiert, das heißt ohne einigende Klammer zusammengedacht werden. Darauf aufbauend gibt es graduelle Übergänge zu Formen des Kollektivs, in denen die Gründe für den Zusammenhang zunehmen.[92] Dies kann eine Vereinigung mit der losen Zweckbestimmung sein, lediglich den Gesamtnutzen der Individuen zu steigern. Die Individuen sind dann gleichsam zum Zusammenschluss genötigt, ohne dass sie eine innerliche Neigung dazu verspüren. Das dürfte für die bürgerliche Marktgesellschaft gelten, in der wohl für den Großteil der Teilnehmenden gilt, dass sie an dem dort herrschenden Primat der Konkurrenz wenig Gefallen finden.

Ein Staat, der die Menschen für die Konkurrenz fit machen will, also anpasst an äußere Zwänge, ist der äußere Not- und Verstandesstaat, wie es bei Hegel heißt.[93] Der Grad der Identifikation mit einem Kollektiv kann auch groß und zugleich durch äußere Umstände erzwungen sein: Das ist der Fall bei der Familie. Umgekehrt anfänglich selbstgewählt, aber mit relativ geringer Identifikation, ist der Typus der Korporation – etwa in Berufsvereinigungen. Der moderne Staat – in Hegels Diktion sittlich genannt – hebt die Gegensätze zwischen den drei genannten Typen auf. Denn er bietet eine Form der Assoziation, in der Menschen sich schwach mit einem nicht selbst gewählten Kollektiv identifizieren, in welchem sie ihre eigenen Fähigkeiten ausbilden und die in der Gesellschaft erzeugten Bedürfnisse hinterfragen, aber auch ihren bürgerlichen Interessen nachgehen.

Bekanntlich hat Marx diese Art Aufhebung der Widersprüche im Staat (etwas übereilt) abgelehnt. Ihm zufolge gerät der Mensch in Bezug auf seine staatsbürgerlichen Qualitäten in einen geradezu schizophrenen Gegensatz zu seinen bürgerlichen Interessen. So soll er, in einem aktuellen Beispiel, kraft seiner Vernunftbetätigung im Staat wachstumskritisch sein, aber zugleich sein neigungsgesteuertes bürgerliches Interesse am Wachstum des Wohlstands weiter ausleben.

Die Alternative ist für Marx die freie Assoziation, in der die Anderen nicht mehr die Schranke der eigenen Interessenbetätigung darstellen, sondern ein gemeinsames vernünftiges, nicht allein neigungsgesteuertes Ziel verfolgen. Die Pointe liegt nun darin, dass die größte Annäherung an dieses Ideal unter den nicht-idealen Bedingungen des Staates in den Momenten gelingt, die sich heute in der Demonstration als Revolte verkörpern. Hier findet der Mensch eine selbst gewählte Gemeinschaft ohne äußere Nötigung mit gemeinsamem vernünftigem Zweck, der zudem durch die Einschreibung in den geschichtlichen Fortschritt die kleine Schwester des kantisch-revolutionären Enthusiasmus entfachen kann:[94] der Enthusiasmus der Revolte mit Vorschein der (stets trügerischen!) Erlösung im irdischen Reich der Freiheit.

Freilich ist diese Erfahrung der Demonstration, kollektiv und in Ko-Präsenz politisch zu urteilen, höchst vergänglich, während institutionell-staatliche Politik kontinuierlich entscheiden muss. Sie kann höchstens approximativ verstetigt werden; und es gibt Anzeichen dafür, dass das seit einiger Zeit geschieht. Demonstrationen treten, gesamtgesellschaftlich gesehen, gewohnheitsmäßig auf, offenbar als Ausdruck eines Bedürfnisses nicht nur nach revoltierend-expressivem Widerspruch, sondern auch nach dem Aufbau von Gegenmacht in Formen des politischen Rechts auf Freiheit: eine verfassungsrechtlich relevante, protestative demokratische Lebensform.

Der Staat versucht im Interesse der kollektiven Friedlichkeit, die Form der Demonstration zu absorbieren, also ihr die Kanten abzuschleifen – nicht zuletzt regulativ und polizeilich.[95] Dadurch mindert sich aber nicht die Erfahrung des revoltierenden Widerspruchs; es kommen vielmehr die legitimen Formen staatlicher Gewalt selbst auf den Prüfstand. Die Demonstration funktioniert auch weiterhin als Revolte im Sinne der bestimmten Negation staatlicher Gewalt, an deren Stelle sie die kollektive, aber sehr flüchtige Form der freien Assoziation setzt.

Diese unvollkommene Negation gewinnt gerade an Bestimmtheit. In den Momenten der Demonstration scheint das realistische Ideal solidarischer Beziehungsweisen auf, wie es Bini Adamczak als Reaktion auf die Aufhebung der Revolutionswellen nach 1917 und 1968 begreift.[96] Juristisch wäre eine solche Demonstrationsfreiheit – als Freiheit per und in der Demonstration – ein Recht aufgeklärter, gebrochener Objektivität, die das Nichtidentische zulässt und sich nicht autoritär auf externe Wahrheitsansprüche versteift,[97] also die soziologisch informierte gemeinsame Suche nach Vernunfturteilen, ohne das Gemeinwesen von einer institutionellen Entscheidung zu dispensieren.

Friedliche Revolte?

Dabei kann sich eine Demonstration nur dann auf das Versammlungsgrundrecht des Grundgesetzes stützen, wenn sie friedlich verläuft. Friedlich bedeutet in der deutschen Rechtsprechung, dass physische Gewalttätigkeiten beziehungsweise Aufruhr nicht als kollektives Phänomen die Demonstration prägen – im Gegensatz zu einzelnen Gewaltvorfällen, klar isolierbaren Gewalttäter:innen oder nur einfachen Behinderungen oder Belästigungen etwa des Verkehrs.[98] Demgegenüber dürften Revolten im engen Sinne nicht bei der Polizei angemeldet werden wie die meisten Demonstrationen, sie werden relativ spontan entstehen und wenig organisiert, oft auch gewaltgeprägt ablaufen. Dass sie, wie vom deutschen Recht gefordert, von einer bestimmten Person angemeldet werden, ist wohl unwahrscheinlich.[99] Oft lässt sich hingegen ein gemeinsames Thema benennen – so wie der präzise Anlass. Idealtypische Revolten in diesem engeren Sinne wären vielleicht die vandalistischen Vorfälle im Hamburger Schanzenviertel anlässlich des G20-Gipfels 2017 oder verschiedene sogenannte Unruhen der letzten Dekaden in Londoner oder Pariser Vorstädten.

Das Konzept der Revolte hat auch noch eine andere, umfassendere Tradition, die es in die Nähe von Widerstand oder demokratischer Negation rückt. Am prominentesten dürfte eine weite Begriffsverwendung bei Albert Camus in *Der Mensch in der Revolte* sein. Die Revolte wäre dann ein abstrakter Oberbegriff – und zugleich eine Art kleine Schwester der Revolution. Während eine Revolution einen erfolgreichen grundlegenden politischen Systemumsturz beschreibt, bleibt eine Revolte deutlich begrenzter in ihren Auswirkungen: Ein System wird nicht abgelöst, aber in einem bestimmten kritischen Punkt bloßgestellt. Die Demonstration könnte letzteren Effekt unter bestimmten Voraussetzungen erfüllen und dergestalt ein Aufbegehren, nicht allein einen kommunikativen Akt oder eine kollektive Meinungsäußerung gewisser Bevölkerungsteile markieren. Folglich kann man sie für eine konkrete Widerstands-, Negations- oder Protestform halten, die eine Unterart der Revolte darstellt.

In demokratischen Systemen wäre die problemanzeigende Demonstration dann fast zwangsläufig ein Fall der Revolte;[100] und zur Revolution könnte sie wiederum in undemokratischen Regimen wesentlich beitragen, wie 1989 im Fall der Großdemonstrationen in der sich auflösenden DDR. Interessant ist der Bezug der Demonstration zur Revolte als Oberbegriff: Sie ist als konkretisierte Revolte im weiten Sinne gewaltsam und als konkrete Nicht-Revolte im engen Verständnis gewaltlos.

Es mag nachvollziehbarer sein, die Demo als Revolte zu verstehen, wenn man vor dem geistigen Auge nicht den letzten DGB-Maiaufzug passieren lässt, sondern Dresdner Bilder von der Straße ab 2015. Die sogenannte Pegida-Bewegung wurde mit Parolen bekannt, die auf angemeldeten Demos fielen, aber gewaltsam klangen, etwa die ‚Absaufen'-Rufe gegen die Seenotrettung auf dem Mittelmeer.[101] Zugleich war für diese Bewegung neben Volksverhetzungsdelikten, das heißt strafbarer, friedensgefährdender *hate speech* (wohlgemerkt Hass-, nicht: Verachtungs- als Kraftrede), auch ein ungewöhnliches Maß an Kommunikationsvermeidung oder -verweigerung typisch: Medienkontakt wurde eher skeptisch betrachtet; Selbstvergewisserung unter Gleichgesinnten trat gegenüber der Außenvermittlung stark in den Vordergrund. Regressiv-tribalistische Assoziationen lagen angesichts der Forderungen der Bewegung nahe, denn es dominierte die Form einer abstrakten Negation ohne Bereitschaft, sich auf wechselseitige Kritik einzulassen.

Als weiteres, politisch ganz anders gelagertes Beispiel ist ein Blick nach Paris ab November 2018 aufschlussreich – gerade im Vergleich zu den Banlieue-Aufständen oder Unruhen von 2005 und 2023. Die Gilets jaunes (Gelbwesten) wählten bei ihren Demonstrationen zu Beginn, insbesondere Anfang Dezember 2018, eine Ausweichtaktik: Sie zogen sich aus den von der Polizei kontrollierten Bereichen zurück und marschierten und randalierten stattdessen um den Arc de Triomphe.[102] Revolutionsanalogien waren schnell bei der Hand. Man sah das Volk in den Straßen und dachte an die Brotrevolten 1789.[103]

Dagegen wurden die Ereignisse in nördlichen Pariser Vororten 2005 nach dem Tod zweier junger Männer in einem Elektrokasten auf der Flucht vor der Polizei vor allem als chaotischer Aufruhr muslimisch-migrantischer Undisziplinierter gedeutet. Es wurde ein rassifizierter innerer Feind (französisch: communautaristes) ausgemacht, anstelle eines um gesellschaftliche Sichtbarkeit und Inklusion kämpfenden, womöglich selbstbewusst revolutionären Subjekts.[104] Dementsprechend wurde der Ausnahmezustand erklärt.[105] Im Sommer 2023 schien der französische Staat nach tagelangem Aufruhr (insbesondere mit enormen, oft symbolisch deutbaren Eigentumsverletzungen) infolge der Tötung eines Jugendlichen durch die Polizei zunächst besonnener zu reagieren. Im Herbst zog er allerdings fast ausschließlich repressive statt soziale politische Konsequenzen.

Ähnliches wie in Paris 2005 ereignete sich 2011 in den Tottenham Riots in London, die mit einem friedlichen Protestmarsch, ebenfalls nach der Tötung eines Mannes durch die Polizei, begonnen hatten.[106] Auch hier dominierte die Sprache der Versicherheitlichung (securitization), die in der Regel rassifizierte Bevölkerungsgruppen zum Gefahrenherd für eine konstruierte Mehrheitsgesellschaft erklärte. Die zunächst friedlichen, dann in Gewalt umschlagenden

Demonstrationen waren in beiden Fällen abstrakte Revolten – aber wurden sie auch in der geistigen Nähe als kleine Schwester der Revolution verortet? Bei den Gelbwesten war das zumeist der Fall,[107] bei den Banlieue-Bewohner:innen eher nicht.

Revolten des Aufruhrs

Der Riot ist zuletzt von Joshua Clover wieder ins sozialwissenschaftliche Gespräch gebracht worden.[108] Der Begriff zielt weniger auf ein Randphänomen ab als auf eine typische Ausdrucksform sozioökonomischer Benachteiligung. Wurde diese einst vor allem im gewerkschaftlich organisierten Arbeitskampf kritisch ventiliert, kommt es unter postindustriellen Bedingungen nach Clover zunehmend zu einer Renaissance unorganisierter Formen des gewaltsamen Aufruhrs. Anteile eines Riots waren sowohl für die angesprochenen Pariser und Londoner Ereignisse als auch für Teile der Antigeflüchtetenproteste von 2015 in Heidenau und Freital[109] kennzeichnend. Die Deutung der Hamburger wie auch diverser Silvestergeschehnisse ist hingegen weiterhin höchst umstritten.[110]

In Parallele zu Clovers Wiederbelebung des Riotbegriffs hatte in den 1960er Jahren der britische Historiker E. P. Thompson darauf hingewiesen, dass die Proteste der frühen, vormarktwirtschaftlichen Moderne, konkret des 18. Jahrhunderts in England, eine Art »moralische Ökonomie« ausgezeichnet habe.[111] Das Wort Riot weist er dabei als zu kurz gefasst zurück.[112] Die armen Bevölkerungsteile hätten ein sehr feines Gespür für die Legitimität der Güterordnung und der Preisentwicklung besessen, das sich nicht auf simple Deprivationsvorstellungen herunterbrechen lasse. Daher seien Aufruhre keine irrationalen Instinktreaktionen, sondern ein Mittel zur Wiederherstellung von vernünftiger Gerechtigkeit gewesen. Die Preisrevolte der Gelbwesten – die bald umfassendere politökonomische und sozialökologische Fragen aufzuwerfen begann – gemahnt an das Theorem der »moralischen Ökonomie«.

Während das deutsche (wie auch das europäische oder US-amerikanische) Verfassungsrecht die Friedlichkeit zum unverzichtbaren Merkmal der Demonstration erklärt (vgl. Art. 8 Abs. 1 Grundgesetz), so dass durch physische Gewalt geprägte Demonstrationen – wie der klassische Aufruhr/Riot – polizeilich aufgelöst werden dürfen, konstatiert die Sozialwissenschaft, dass einzelne Gewaltvorfälle typisch sind für kollektive und dazu strukturell konfliktorientierte Massenereignisse.[113] Zwar ist die früher von der Massenpsychologie[114] angenommene unmittelbare Kausalität von Masse und Gewalt widerlegt.[115] Gemeint ist hier physische und verbale, psychisch traumatisierende Gewalt, von Hetze und Beleidigung bis hin zu Sachbeschädigung und Körperverletzung.116 Doch das Spezifikum des (seinerseits durchaus nicht irrationalen) Riots liegt gerade darin, dass sich hier die physische Gewalt zum vorherrschenden Ausdrucksmittel emanzipiert und kommunikative Äußerungen zurücktreten.

Revolten zwischen Rebellion und Revolution

Revolten lassen sich darüberhinaus in revolutionäre und rebellische unterteilen. Das entscheidende Strukturmerkmal von Revolution ist, dass sie in der Befolgung selbst gesetzter neuer Regeln von der Befreiung vom Alten zur Freiheit des Neuen vorwärtsschreitet.[117]

Da sie dies nicht erfüllt haben, scheinen die Bewegungen der Gelbwesten[118] und der Pegida in der Rebellion steckengeblieben zu sein. Es steht darüber hinaus in Frage, ob der proklamierte Freiheitsbegriff von Pegida *überhaupt* Sinn ergibt, denn ein Aufstand gegen die *gleiche* Freiheit dürfte unter Bedingungen der politischen Moderne post-1789 von vornherein unfreiheitlich sein.[119] Davon abgesehen hat eine Setzung neuer Regeln, die sich unmittelbar gegen die angegriffene Religions- und Einwanderungsfreiheit richten würden, nicht einmal im Ansatz stattgefunden. Von vornherein würde eine Revolution von dieser Seite begrifflich nicht infrage kommen, da ein gemeinsames Wirkungsfeld von Betroffenen und Regelsetzer:innen ausgeschlossen wird. So etwas wie die teils von Rechtsextremen beschworene nationale Revolution kann es gar nicht geben, weil die Nationalen neue Regeln nur für Andere, aber nicht für sich selbst setzen wollen. Eine Revolution ohne Universalisierungsprinzip, welches immer auch eine Selbstreflexion miteinschließt, ist begrifflich unmöglich, weil der Systembruch immer an dem vorgeblich Eigenen, Identitären oder Possessiven scheitern würde.

Die Gelbwesten wiederum haben die Forderung nach Milliardenausgaben des Staates erfüllt bekommen, also eine starke Berücksichtigung erreicht. Den von ihnen proklamierten weitergehenden Zielen einer plebiszitären Demokratie, die sich von der Struktur eines starken Präsidenten neben einer schwachen Nationalversammlung abkehrt, sind sie ebenso wenig nähergekommen wie einer Dezentralisierung, die die Provinz ermächtigt hätte, oder einer integralen Orientierung der Regierungspolitik an sozialer Gleichheit.[120]

Protest als besondere Form der rebellischen Revolte

Nachdem nun das Widersprechen eingeführt und die Problematik des Sich-Widersetzens anhand zweier Formen der Revolte angerissen worden ist, sollte noch stärker auf den zugrundeliegenden Protestbegriff eingegangen werden.

In Deutschland zurzeit sehr präsent ist die Protestgruppe Letzte Generation und ihr spezifisches Protestrepertoire der Sitzblockaden auf Straßen, die den öffentlichen Verkehr behindern. Die Strafen gegen solche Blockaden scheinen im Laufe der letzten Zeit härter zu werden, ob im Vereinigten Königreich für das Blockieren des Verkehrs auf Brücken durch die dort besonders aktiven Gruppen Just Stop Oil oder Extinction Rebellion oder eben in Deutschland für die »Klimakleber« der Letzten Generation. Sogar die ursprünglich für Terroristen eingeführte Präventivhaft wird nun häufiger verhängt, besonders oft und lange in Bayern.[121]

Zwischenzeitlich hatten einige Bürgermeister (von Hannover, Marburg, etc.) die gegenteilige Idee, Forderungen der Letzten Generation zumindest verbal zu entsprechen. Eine der Reaktionen lautete daraufhin, das sei Erpressung und ein Ausverkauf der demokratischen Politik. Dieses normativ-politische Urteil ist schlicht falsch. Denn es geht in der Politik um Gespräch, Beratung, Kommunikation, Gemeinschaft des Geistes und der Geister, gleichzeitig aber auch um Druckausübung, die Änderung der Kräfteverhältnisse und Machtgleichgewichte.

Die Herausforderung besteht darin, beides zusammen zu denken. Problematischerweise neigt die Demokratietheorie jedoch dazu, eine Seite gegenüber der anderen überzubewerten. So mag der demokratische Staat entweder als Kommunikationsgemeinschaft erscheinen – wie ein Ort für Palaver oder unbegrenzte Rede[122] – oder eben als Verdichtung von Kräfteverhältnissen.[123] Um die Rolle des Protests in demokratischen Gesellschaften aus der Perspektive der Rechtswissenschaft zu verstehen, muss beides in einem gemeinsamen theoretischen Rahmen berücksichtigt werden: die räteähnliche Deliberation und das rohe Machtgleichgewicht. Das Gesetz ist immer das Ergebnis und der Prozess von beidem.

Warum ist aber eine bestimmte Teilöffentlichkeit – etwa gegenüber der Letzten Generation – so empfindlich, wenn es um Macht und deren Ausübung durch kleine, sonst schwache Minderheiten geht, anstatt sich darüber zu freuen? Der fragilen Empfindlichkeit liegt vermutlich eine Verdrängung der materialistischen Seite der Politik zugrunde.

Es ist ein Zeichen demokratischer Malaise (nicht: Krise – der Krisenbegriff suggeriert eine vorübergehende, »therapierbare« Konjunktur statt einem strukturellen Problem), dass unverantwortliche, überidealistische und zynische, übermaterialistische Vorstellungen in undialektischer Gegenüberstellung verharren. Philosoph:innen des mehr oder weniger demokratischen »Politischen«, die auf der Skala Materialismus – Idealismus schwer einzuordnen sind und dementsprechend höchst unterschiedlich gelesen wurden, könnten hier weiterhelfen. Denn sie verbinden die Immanenz der Kräfte und die Transzendenz der Worte, und vielleicht auch umgekehrt: Sie sind mithin Denker:innen der immanenten Transzendenz. Hier setzt mein Vorschlag an, die juristisch-politische Theorie des demokratischen Protests mittels eines Gesprächs zwischen Hegel und Spinoza zu reformulieren. Darauf aufbauend müsste dann nur zwischen zwei Achsen (Wie? Wogegen?) unterschieden werden, wenn über demokratischen Protest gesprochen wird. Sowohl Hegel als auch Spinoza sind nicht eindeutig auf jenen Skalen zu verorten – denn Spinoza ist entgegen mancher Karikatur[124] nicht nur der Theoretiker der Macht und Hegel nicht allein der Theoretiker des transzendenten Geistes oder der Kommunikation.

Achse 1: Gewalt als Protestativmacht

Das konstituierte und das konstituierende Moment der Macht sind in der Demokratie immer gleichzeitig vorhanden – wie auch ein politischer und ein juristischer Konstitutionalismus.[125] Spinoza behandelt vorwiegend die konstituierende Machtseite der Demokratie, insbesondere im *Tractatus politicus*: Da die Unterstützung einer politischen Repräsentation durch die Menge des Volkes (*multitudo*) affektiv organisiert ist und sich daraus ein Macht-Potential (*potentia*) ergibt, kann die Demokratie von unten als »aufgelöstes Rätsel aller Verfassungen« (Marx) erscheinen. Hegel hingegen widmet sich vorzugsweise der konstituierten Machtseite, die er in einem holistisch-umfassenden Sinne als »Staat« bezeichnet.[126] Insofern ist Hegels Ablehnung der vermeintlich liberalen Gesellschaftsvertragstheorien (von Locke über Rousseau bis Kant) so entscheidend wie Spinozas Kritik an der vermeintlich modernen Souveränität (nach Hobbes und Bodin), die insofern nicht souverän sein kann, weil sie auf die affektive Zustimmung der Bürger:innen angewiesen bleibt.

Jede Überzeichnung gilt es jedoch zu vermeiden: So dachte Hegel zugleich auch materialistisch – er analysierte die bürgerliche Gesellschaft als Marktgesellschaft und widmete sich der besonderen Bedeutung des »Pöbels«.[127] Im nicht »steuerbaren« Pöbel kann man die Gründungsfigur der »Masse« und des »Mobs« sehen, die beide als gefürchteter Wiedergänger bürgerliche

Phantasien befeuern und bis in die Gegenwart das entscheidende ideelle Widerlager jeder Demokratisierung durch Protestmengen bilden. Das gilt insbesondere für die wissenschaftlich widerlegte und doch bis heute wirksame[128] Fassung der Massenpsychologie nach Gustave Le Bon.[129]

Spinoza philosophierte auch rationalistisch und pantheistisch. Was beide auf einer sehr grundlegenden Ebene verbindet, ist denn auch ihre atheistische Auffassung von Gott: ein atheistischer Gläubiger zu sein.[130] Die besonderen religiösen Energien (Glaube, Hoffnung, Liebe), an denen beide interessiert sind, sind politische Erscheinungsformen des kollektiven Erlebens und Verhaltens – eine ganz andere »Göttin« als der katholische »souveräne« Gott des Naturrechts.

Der moderne Staat will Individualität, nicht nur Besitzindividualismus als zivilisatorische Errungenschaft durch Rechte sichern, und doch steht die *multitudo* (Masse) für das sich selbst bildende, allgegenwärtige und zutiefst ambivalente Kollektiv. Dieses zehrt von produktiven und destruktiven Affekten: Freude, mit Hass verschmolzene Liebe, reine Liebe, solidarische Interaktionsformen und ambivalentere Leidenschaften. Auch die aufgeputschten faschistischen Menschenmassen zählen als zerstörerisches Extrem dazu.

Die Angst vor den Massen kann daher durchaus berechtigt sein; Spinoza hat selbst reaktionäre Bewegungen erlebt. Das unterbewertete Kollektiv – nicht fiktiv, wie von Nationen manchmal behauptet, sondern real – und das, was es den Singularitäten ermöglicht, erst zu leben, muss dennoch in all seiner Widersprüchlichkeit einen Platz in der liberalen, menschenrechtsgeleiteten Rechtswissenschaft des politischen Rechts finden. Massen und ihre Affekte konstituieren demokratische Politik und werden zugleich von ihr konstituiert, auch durch Repression und staatliche Gewalt. Diese von unten gedachte Substanz der konstituierenden Macht erscheint weniger mystifiziert als die konkurrierende Idee einer verfassungsgebenden Gewalt, von der keiner so recht sagen kann, wann genau und in welchen erkennbaren Grenzen sie in der Geschichte auftritt.

Ein damit zusammenhängendes Problem der verbreiteten Vorstellung von verfassungsgebender Gewalt ist ihre Entmaterialisierung: Wer entfaltet aus welchen Gründen eine status-quo-kritische Wirkkraft? Das gelingt recht besehen nur und gerade den protestierenden, sich widersetzenden Mengen. Diese sind aber permanent vorhanden, nicht nur in wie auch immer definierten Ausnahmesituationen. Spinozas realistische Affekttheorie der Mengen und ihrer Macht muss und kann die mystifizierende Theorie der konstituierenden Gewalt im Anschluss an Sieyès ersetzen. So wird das Konstituierende und das Konstituierte der Mengen auf der Achse des »Wie« einer verbindenden Protestativmacht abgetragen, die in Demokratien immer vorhanden ist: einmal in stärker verdichteter, organisierter, institutioneller Form (»konstituiert«), einmal in erst noch nach Organisation suchender Gestalt (»konstituierend«).

Achse 2: Negation der Individualität

Die produktive Seite der Massen (Kollektive) verwirklicht sich in der konkreten Negation (Aufhebung) eines jeweiligen Status quo der staatlichen Ordnung, ohne deren Idee in Frage zu stellen. Weil sie nicht in Kommunikationsverhältnissen allein wirksam wird, sind Theorien unbrauchbar, die Protest auf mehr oder weniger symbolische Kommunikation reduzieren und die Machtseite ausblenden.[131]

Die destruktive Seite der *multitudo* realisiert sich in der abstrakten Negation der individualitätsschützenden Staatsgesellschaft als »Gesamtpoliticum« (Ridder). Hier liegt der Kern der Angst oder Furcht vor der Masse. Der 6. Januar 2021 in den USA, der Sturm Hunderter auf das US-Kapitol, und ein Jahr später am 8. Januar 2022 der klägliche Nachahmungsversuch in Brasilien sind in dieser Hinsicht als zutiefst herrschaftsverhaftete Proteste, die schlicht ein anderes Wahlergebnis durchsetzen wollen, starke Warnzeichen.[132] Nur abstrakte Negation bedeutet Ausübung politischer Gewalt, nicht die konkrete Negation beziehungsweise die Machtanwendung an sich. Gerade bei Unternehmen und deren Verbänden ist in Gestalt des Lobbyismus und der politischen Einflussnahme eine konkrete Negation ohne Masse und konstituierende, legitimierte Macht Alltag. Abstrakte Negation richtet sich gegen die moderne Idee der Individualität als kondensierte Version der freiheitlichen demokratischen Grundordnung – es ist der Terror, der absolute Schrecken bindungs- und vernunftloser Freiheit, der in Erpressung und bloßem Zwang seinen Ausdruck findet. Demgegenüber ist konkrete Negation als immanente Infragestellung ein Ausdruck politischer Macht.

Macht und Kommunikation wirken unterschiedlich, aber sind gleichen Ursprungs oder beide konstitutiv für die gesamtpolitische Staatsgesellschaft. Deren ideale Funktionsweisen sind strategisches Macht- und deliberatives Kommunikationsverhalten. Spinoza zeigt auf, dass sie zusammengehören. Seine Einsicht lebt unter anderem in Butlers Theorie der Versammlung, der körperlich-verkörperten Performance fort.[133] Zugleich müssen die Körper eine konkrete symbolische Sprache haben, um in der Demokratie zu zählen. In manchen Konflikten – seien es Generations-, Klassen-, Race- oder Geschlechterkonflikte – muss man, sobald man seine gemeinsame Sprache verliert, schlicht eine machtzentrierte Strategie anwenden.

Dabei kann es zwar ein Problem der Selbstermächtigung von Protestierenden geben, das in einem Leiden der anderen resultiert, auch wenn man hier sinnvollerweise nicht von Gewalt, sondern von Nötigung spricht. Langfristig kommt die permanente Präsenz der protestativ-konstituierenden Macht aber allen zugute, auch wenn sie im Einzelfall viele stören kann. Bekannte Beispiele sind die indische Unabhängigkeitsbewegung, die US-Bürgerrechtsbewegung und 2023 neben den Klimaprotesten auch die Blockadeaktionen zur Bewahrung der rechtsstaatlichen Demokratie in Israel. Der demokratische Staatsapparat muss erkennen, dass in diesen Fällen für seine Daseinsberechtigung eingetreten wird – während das Verschwinden der politischen *multitudo* eine autoritär-souveränistische, »etatistische« Formierung von oben bedeuten würde. Deshalb ist hier eine partielle, konkretisierende, individualisierende Rücknahme des staatlichen Strafanspruchs erforderlich.

So kann man beispielsweise fragen, ob ein Eingriff in das Eigentum durch die Besetzung eines leerstehenden Hauses als Wahrnehmung eines demokratischen Grundrechts der Protestative gerechtfertigt ist. Demgegenüber steht die leichte Beeinträchtigung der Eigentümerin, und zwar nicht etwa in deren Individualität, sondern lediglich in ihrer souveränen Rechtsstellung des *nudum ius* (nacktes Recht).

Strafrechtlich könnte man das über entsprechende Rechtfertigungsgründe umsetzen, die sich nicht nur auf die Fernziele der Proteste (etwa den Klimaschutz) beziehen müssen, wie derzeit viel diskutiert,[134] sondern allein auf den demokratischen Gehalt der konkreten Negationspraxis. Spinozas liberaler Materialismus und Hegels republikanischer Idealismus, wechselseitig aufeinander bezogen, können den Weg zu einer positiven, demokratischen Theorie der gemeinsamen Handlungsmacht weisen.[135] Denn Kommunikation muss Gewalt, kann aber nicht Macht ausschließen.

Achsen des Protestrechts: Wer protestiert wie wogegen (und wofür)?

Das Recht auf Protest, Inbegriff der wilden Demokratie als notwendige Ergänzung zur institutionellen, ist Ausdruck der Lebensform Demokratie, ohne die es keine Regierungsform Demokratie geben kann. Es lässt sich noch etwas differenzierter anhand verschiedener Achsen erschließen, die hier zunächst nur abstrakt charakterisiert werden. Zu fragen ist, wer (1) wie (2) wogegen und wofür (3) protestieren darf und protestiert – die beiden letzteren Fragen sind Rechtsfragen, weil sie die Rechtfertigung der Wirklichkeit betreffen.

Wer?

Es protestieren Personen samt ihren Körpern – Geist, Seele und Körper sind stets zugleich anwesend. Jeder Trennungsversuch mündet in einseitig idealistischen oder materialistischen Betrachtungen von Widerspruch, Widerstand und Neugründung und leugnet deren logische wie die anthropologisch-ökologischen Kontinuitäten. Das bedeutet gleichzeitig, dass eine allgemeinere Form von Geist präsent ist, die die Trias Geist/Seele/Körper umgreift und zu beschreiben erlaubt. Dieser Geist tritt entweder subjektiv, objektiv oder absolut auf. Allerdings ist nicht einfach das Widersprechen der Grund des Subjektiven, das Sich-Widersetzen der des Objektiven und das Neugründen der des Absoluten. Diese Identifikation läge zwar nahe. Insbesondere die Engführung von subjektivem Bewusstseinsgeist und negatorischem Meinen ist aber oben schon zurückgewiesen worden. Das Anders-Meinen vollzieht schließlich bereits den Übergang zur Sittlichkeit des Objektiven, zum Politisch-Juridischen der Verfassung. Das Sich-Widersetzen wiederum ist vom Meinen getragen, von individuellen und kollektiven Bewusstseinstypen, transzendiert diese aber in seiner notwendig kollektiven Praxis hin zum Absoluten der »Gemeinde«, hin zu den solidarischen Beziehungsweisen einer säkularen, horizontalen, antiautoritären Zivil-Religion.[136] Die Revolution der Neugründung ist dann immer in erhoffter Reichweite, ohne je erreicht zu werden. In Wahrheit ist der Rest des Revolutionären in der Demokratie in ihr selbst verborgen, also immanent-objektiv und absolut zugleich; die Bürger:innen müssen ihn mühevoll suchen.

Wie?

Die Frage der Mittel ist komplex – völlig in die Irre führt die oft überpräsente Gewaltfrage. Diese führt ins Nichts, weil sie nur als reflexiver Gewaltbegriff Sinn ergibt: Interessant ist allein, was Gesellschaften zu verschiedenen Zeiten für Gewalt halten und ablehnen. Angesichts der unendlichen und aporetischen Saga der deutschen Sitzblockaden-Gewalt-Rechtsprechung lässt sich das leicht nachzeichnen.

Vielmehr sollte es um Macht und die Wirkung von Mitteln gehen: nicht im Sinne von Zwang, sondern von gemeinsamer Handlungsmacht in Arendt'scher Tradition. Mithin bringt es keinen Erkenntnisgewinn, von unglücklichem Bewusstsein, schöner Seele und wirkungsloser, nur geistig-mittelbar wirkender

Meinungslizenz außerhalb des Kontextes physischer Wirkungen auszugehen.[137] Schon näher kommt die Vorstellung einer konkret regulierten, wirksamen, machtinformierten und daher auch politischen Meinungsfreiheit, der der öffentliche Friede als einziges Regulativ eines verallgemeinerten Menschenrechtsschutzes beispringt.

Nun gilt es, die verschiedenen Strategien der Revolutionsvermeidung im Stoizismus (liberale Neutralität), Skeptizismus (liberale Relativität) sowie wiederkehrenden unglücklichen Bewusstsein der geistigen Zerrissenheit zu überwinden.[138] Dazu dient die idealistisch-materialistische Synthese einer notwendig kollektiven, auf Wirksamkeit geeichten, daher genuin demokratischen Versammlungsfreiheit. Sie kann es schaffen, dem Terror der absoluten Freiheit zu entgehen, wie er in autoritär-libertären Bewegungen etwa einiger »Querdenker« in der kapitalistischen Gegenwart wieder aufscheint,[139] deren Kehrseite der Fanatismus der autoritär-religiösen Schreckensbewegungen bildet, und die Schrecken der unvermittelten, nicht mehr demokratischen (Konter-)Revolution fernzuhalten.

Die Protestativmacht bildet als Präzisierung der sogenannten konstituierenden Macht die lebendige Substanz der wilden demokratischen Lebensform. Ihr Grenzfall ist die revolutionäre Macht, die hier (in Europa) und heute (in den frühen 2020er Jahren) auch wieder als konterrevolutionäre denkbar erscheint, wenn die Protestativmacht die weiten Grenzen ihrer legitimatorisch wirkenden politischen Urteilskraft überschreitet.

Wogegen (und wofür)?

Von der Frage der Mittel ist die nach den Zielen weniger leicht zu trennen, als man annehmen könnte. Notorisch wurde diese Vermischung bei dem Problem, ob nur ein gewaltloser Protest gewaltlose Zustände herbeizuführen helfe.[140] Abermals führt die Gewaltfrage nicht sehr weit.

An die Stelle des Gewaltlosigkeitskonzepts sollte das Nachdenken über den Konkretions- und Abstraktionsgehalt der protestativen Negation treten. Das konkrete Ziel sind ideell betrachtet

Normen und materiell gesprochen soziale Strukturen; ihre konkrete Infragestellung ist demokratisch und verfassungsstützend. Die Skala reicht von der internen Kritik an einzelnen positiven Normen über immanente Kritik anhand der Verfassungsprinzipien von Freiheit und Gleichheit, Würde und Demokratie, die sämtlich kälter oder heißer liebende Varianten der Verfassungsstützung darstellen, bis hin zur abstrakt-negierenden Revolution, deren Angriffsziel die Gesamtheit, die Grundordnung der Verfassung sein kann; diese Art der Negation wäre effektiv verfassungs*s*-*türzend*.

Die Frage nach dem Wofür der Negation im Protest erscheint zunächst als bloße Kehrseite des Wogegen. Indes trügt der Schein: das Wofür ist zunächst gar keine Rechtsfrage – erfüllt aber dennoch die Funktion eines politischen Grenzbegriffs des Verfassungsrechts.[141] Denn die konstituierende, protestative Macht verkörpert eine die positive Verfassung überschreitende Hoffnung; sie macht die Menschen nach Bloch »weit, statt sie zu verengen«[142]: Das hoffnungsvolle Ziel wirkt auf die Mittel zurück und wird dann wieder juristisch relevant. So sind positive Fernziele, demokratische Aktionsmodi und der konstitutive Zusammenhang beider im Protest durchaus juristisch thematisierbar, etwa in Strafurteilen über »disruptive« Klimaproteste.

Spielarten wilder Demokratie

Protest interessiert sich für den Geist der Macht – er fordert Herrschaft stets heraus – und wird mit dem begrifflich zunächst diffusen Problem der Gewalt allzeit konfrontiert. An die Stelle des Gewaltproblems hätte sinnvollerweise auf der Stufe des Sich-Widersetzens das juristisch besser handhabbare Kriterium möglicher Menschenrechtsverletzungen Dritter zu treten. Dabei könnte man dann etwa überlegen, ob auf der Skala der Aktionsformen von legaler Versammlung über zivilen Ungehorsam bis zur sonstigen direkten Aktion die Intensität der horizontalen Menschenrechtsverletzungen zunimmt und wie das im Einzelfall abwägend oder regelhaft zu beurteilen ist. Diese Horizontalität bemisst sich an der Selbstrepräsentation der Beteiligten des Protests, der Adressat:innen und der Dritten, also an einem weiteren zentralen Machtverhältnis. Ein bewaffneter Kampf als klassischer Extremfall der direkten Aktion kommt nur bei fehlender Selbstrepräsentation, also dem Verlust der Demokratie als Regierungs- und Lebensform überhaupt infrage.

Insgesamt ergibt sich das Bild einer dualen, einer regierenden und einer wilden, Demokratie, deren Ideal der Selbstrepräsentation – also dass alle Meinungen in der Regierungssphäre effektiv repräsentiert sind – nur mittels Momenten von wilder Unmittelbarkeit zu verwirklichen ist. Nur so kann die wilde Lebensform Demokratie gegen Formen der Erstarrung, gegen Schließungstendenzen, Fremdrepräsentation und Privatisierung der Herrschaft sowie gegen unzumutbare, nicht zu ertragende Aufhebungsrechtsverletzungen der Gleichfreiheit einschreiten und so das demokratische Legitimitätsversprechen erneuern (rechtzeitig, bevor diesbezügliche Entscheidungen irreversibel werden) – bei fortdauernder und nicht abschaffbarer Zumutung, selbst als Protestative noch regiert zu werden.

Der Blick auf die wilde Lebensseite der Demokratie ermöglicht es, die Integration durch die Verfassung und den Konflikt durch die Verfassung hindurch als verbunden zu denken.[143] Voraussetzung dafür ist wie gesagt der Übergang zur Wirkungsperspektive im demokratie-paradigmatischen Recht auf Protest: Dieses ist das Recht, etwas konkret-negatorisch erreichen zu können. Dementsprechend muss das Legitimationsmodell der Demokratie um den Beitrag der wild-kollektiven Protestsubjekte der Protestative erweitert werden.

Legitimation durch Protestmengen

Doch unter welchen Umständen können Protestmengen politisch und juristisch legitimierend wirken? Um Entscheidungen kann es nicht gehen – diese werden schließlich von Institutionen getroffen und durchgesetzt –, allerdings sehr wohl um die Vorstufe des eigentlichen Aktes der Entscheidung: um das (kontrollierende) Urteilen politischer und juridischer Art. Wenn Protestmengen ein bestimmtes Urteil im nicht-institutionellen Sinne legitimieren, handeln sie in der Weise verbindlich, dass ihr Urteil von den entscheidungszuständigen Institutionen gehört und berücksichtigt werden muss. Das schlägt sich in den traditionellen Staatsgewalten in differenzierter Art nieder: inhaltlich in einer Art Petitionsrecht der Protestative gegenüber der Legislative, dessen Priorität bei verschiedenen Faktoren (etwa Größe, Vehemenz, Dringlichkeit) wächst; in einer Anhörungs- und Berücksichtigungspflicht der Protestative als gewichtiger Belang in konkreten Exekutivmaßnahmen; und unter bestimmten Voraussetzungen – nämlich nur, wenn es um die Proteste selbst und deren strafrechtliche Würdigung geht – in einer formalen Berücksichtigungspflicht der Judikative bei individuellen Strafzumessungsentscheidungen.

Die Pointe besteht darin, dass die meisten dieser vermeintlichen Postulate indirekt und bisher in der Regel informell durchaus Beachtung finden, solange eine Demokratie lebt und nicht semiautoritär erstarrt ist, also die Balance zwischen Regieren und gelebter konkreter Negation findet. Die Evolution der Demokratie gebietet es heute lediglich, diese Tendenzen juristisch aufzugreifen und zu formalisieren.

Darin liegt die große Chance, die Demokratie nicht einfach (und teils exzessiv) zu politisieren, wie es an sich berechtigte institutionenkritische Ansätze tun (radikale Demokratie), sondern dies in juristisch gehegten Grenzen zu befördern. Dadurch könnte es gelingen, den Hiatus zwischen einer notwendig übermoralisierten gesellschaftlichen Kritik und einer entscheidungsfixierten, technokratischen Institutionenpraxis zu schließen. Bestenfalls könnten sich beide Seiten in einer demokratischeren Gesamtverfassung versöhnen. Legitimationsfragen werden bearbeitbar und bringen die reale Demokratie auf eine neue geistige Stufe ihres Daseins.

Es lassen sich (mindestens) fünf Modelle der demokratischen Legitimität unterscheiden, die von Protestmengen, also kollektiven Subjekten, abgeleitet sind.

Nicht nur das deutsche Bundesverfassungsgericht betont, dass das Recht auf friedliche Versammlung mehr ist als ein liberales Recht individualistischer Art. Auch viele andere bezeichnen es als demokratisches Recht, ja als Voraussetzung für einen funktionierenden demokratischen Prozess. Nicht nur aus Sicht des Bundesverfassungsgerichts trifft dies zu, weil mächtige Privatinteressen und Wirtschaftslobbys leicht Zugang zu den höchsten Ebenen der politischen Macht erhalten, während verstreute, diffuse Interessen, wie sie typischerweise von Akteur:innen der Zivilgesellschaft vertreten werden (sowohl Minderheits- als auch Mehrheitsinteressen), auf ernsthafte Hindernisse stoßen.[144] Die Zivilgesellschaft sucht die Öffentlichkeit, während Interessenvertreter:innen die Anonymität und das Verstecken bevorzugen.

In dieser Unterscheidung zwischen öffentlichem gesellschaftlichem Protest und Lobbyismus privater Interessen könnte es für Demokratietheoretiker:innen etwas zu entdecken geben. Es fällt auf, dass die öffentliche Leidenschaft andere Reaktionen hervorruft als das arkane Machtspiel bloßer Interessen im liberalen Sinne. Politischer Protest wird auch mit anderen Maßstäben gemessen als das Abstimmen in Parlamenten oder anderen repräsentativen Versammlungen. Dies wird besonders deutlich, wenn es um die Zählung von Stimmen oder Teilnehmer:innen geht.

In repräsentativen Versammlungen ist es von zentraler Bedeutung, dass jede einzelne Stimme gezählt wird, und es ist anerkannt, dass einstellige Mehrheiten über zentrale Gesetze entscheiden können. Als Beispiel wäre der Affordable Care Act der Obama-Regierung in den USA zu nennen, bei dem es im Repräsentantenhaus knapp an 5 von 435 Stimmen hing. Bei öffentlichen Protestversammlungen zählen jedoch meist nur hohe Zahlen und dementsprechend große Menschenmengen – die individuelle Beteiligung muss nicht berücksichtigt werden. Anders als die Einstufung als liberales Individualrecht vermuten lässt, zählen öffentliche Versammlungen nur, solange sie kollektiv durchgeführt werden (von seltenen Ausnahmen wie Greta Thunbergs ursprünglich einsamem Protest in Schweden abgesehen). Und sie werden nur politisch berücksichtigt, wenn sie große Menschenmengen anziehen oder wenn es zu Gewaltausbrüchen kommt – in beiden Fällen scheint eine Demonstration von (Gegen-)Macht notwendig zu sein. Dementsprechend unterschätzen Polizei und andere staatliche Einrichtungen in ihren offiziellen Verlautbarungen in der Regel die Anzahl der Teilnehmenden an Menschenmengen, während die Demonstrant:innen im Umkehrschluss dazu neigen, sie zu übertreiben.

Nun sollte man nicht vorschnell den Schluss ziehen, dass im politischen Kampf nur Macht oder gar rohe Gewalt entscheidet und man auf ausgefallene Vorstellungen von demokratischer Legitimität verzichten kann. Damit würden nicht nur Max Webers schlüssige Vorstellung vom notwendigen Legitimitätsglauben, dem ständigen Ringen um die Legitimität der Macht in allen politischen Regimen, sondern auch die spezifische normative Legitimation demokratischer Ordnungen übergangen.

All diese Beobachtungen tragen zu einer Neubewertung der Bedeutung und des Sinns von demokratischem Protest bei, insbesondere im Hinblick auf seine legitimierende Funktion. Protestmassen mit ihrer kollektiven Leidenschaft erhalten in Fragen der demokratischen Legitimation mithin eine eigenständige Rolle.

Auch wenn in Demokratien die Machtausübung auf dem Willen des Volkes beruht, bleibt umstritten, welche öffentliche Aktion welche Unterstützung benötigt. Welche Neuordnung von Freiheiten, welche Umverteilung von Ressourcen welchen Grad und welche Art von Konsens erfordern, kann nicht im Voraus entschieden werden. Das gilt insbesondere für irreversible Entscheidungen wie Entschlüsse angesichts antizipierter Kipppunkte im Kontext der ökologischen Katastrophen. Demokratische Legitimität bleibt also kontingent und machtbezogen, da sie letztlich auf einer bloßen Konstruktion des Volkswillens beruht. Legitime Entscheidungen sind politisch vertretbare Entscheidungen – je nachdem, wie die Demokratie beziehungsweise der Wille des Volkes definiert wird.

Gleichzeitig führen institutionenformalistische Vorstellungen von Wahldemokratie offensichtlich nicht sehr weit. Stattdessen gibt es eine gemeinsame Prämisse in den nachfolgend skizzierten Modellen, die ansonsten unterschiedliche Aspekte des Konzepts betonen oder aus verschiedenen Blickwinkeln kommen: Demokratie ist ebenso sehr eine Lebensform wie ein Entscheidungsregime – sie bedarf der ständigen öffentlichen Unterstützung und konkreten Beteiligung des Volkes.

Die fünf Modelle haben bei der (meist impliziten) Definition von Demokratie teilweise unterschiedliche Ausgangspunkte. Da die Modelle trotz dieser unterschiedlichen Vorstellungen in zentralen Punkten konvergieren, könnten sie die demokratietheoretischen Debatten über die Legitimität und Legitimationskraft von Protestversammlungen mit neuen Argumenten bereichern. Die Einschätzung von großen Menschenmengen, potenzieller Gewalt und den Machtverhältnissen dieser Versammlungen hat bestimmte normative Implikationen. Das Brückenkonzept zwischen ihrer empirischen Kraft und ihrem normativen Beitrag zur Legitimation ist die Herrschaft der ungenauen Zahlen, die in der Protestmenge personifiziert wird. Die politische Menge vermittelt zwischen dem juristischen Begriff der Legitimation und einem ökonomischen (realistischen) Kräfteverhältnis. Die Stimme des Protests wird befreit, im Sinne einer wild-ungebändigt-unmittelbaren, direkten statt einer repräsentativen, formalisierten Stimme – und trägt zu politisch legitimen Entscheidungen in Demokratien bei.

Diese Perspektive mag herausfordernd sein, da Protestversammlungen meist als Symbole einer umstrittenen Politik betrachtet werden, die die Legitimität demokratischer Entscheidungen eher in Frage stellen als erhöhen. Dies dürfte für bestimmte Einzelaktionen durchaus zutreffen, die unmittelbar den Spott oder Zorn der Bevölkerung auf sich ziehen. Weniger überzeugend ist dieser Zweifel in Bezug auf die inzwischen etablierte Bewegungspolitik, die die politische Richtung eines Landes grundlegend ändern will, zum Beispiel zugunsten einer anderen Energieversorgung, mehr

Umweltschutz, weniger Rassismus im Migrations- oder Polizeirecht, umfangreicherer sozialer Absicherung, kurz: für eine bessere Zukunft.

Noch weniger überzeugt die delegitimierende Rolle von Protestversammlungen in einer systemischen Perspektive. Vielmehr sind Gegenbewegungen ein stabilisierender Faktor für Demokratien, weil sie auf notwendige politische Anpassungen oder undemokratische Ausschlüsse hinweisen. Auf dieser Grundlage können Protestmassen kommende (wechselnde) Mehrheitsentscheidungen durchaus demokratisch mitlegitimieren – im Sinne einer (Kontroll-)/Urteils- statt einer Entscheidungslegitimation. Die Bedeutung dieser Legitimationskategorie einer gewaltlosen vierten Gewalt der Protestative variiert dementsprechend je nach der vorherrschenden Staatsgewalt, die legitimiert werden soll.

Jean-Jacques Rousseau – Der Souverän ohne Zahlen

Es mag vielleicht überraschen, dass ausgerechnet Jean-Jacques Rousseau einen wertvollen Beitrag zur Theorie des politischen Protests geleistet hat. Ist Rousseau nicht der Verfechter eines allgemeinen Willens, der alle partikularen Willen übertrumpft? Befürwortet er nicht die uneingeschränkte Mehrheitsherrschaft? Fungierte er damit nicht als ideologisches Vorbild für Robespierre und seinen jakobinischen Despotismus der Vernunft?

Selbst wenn dies zuträfe – was wegen Rousseaus Grundprinzip, Freiheit in Gemeinschaft zu erhalten, nicht der Fall ist –, bleibt Rousseau ein überzeugender Ausgangspunkt für meine Überlegungen. Schließlich geht auf ihn das erste Modell der legitimitätsstiftenden Kraft von Protestversammlungen zurück, gerade weil er die Unterscheidung zwischen der *volonté générale* und der *volonté de tous* eingeführt hat, die seine Theorie des Gesellschaftsvertrags so anregend gemacht hat. Der allgemeine Wille ist eben nicht der kombinierte oder addierte Wille, der der Wille aller wäre, sondern etwas ganz anderes: Es ist der Wille des Souveräns. Damit ist nicht der rationale Wille gemeint oder die absolute Herrschaft der Vernunft, wie es Talmons Theorie des »demokratischen Totalitarismus« behauptet.[145] Im Gegenteil, der allgemeine Wille beruht auf der Leidenschaft des demokratischen Souveräns, der als Kollektiv wirkt.

Es ist das Gefühl oder auch, mit einem Begriff von Illan rua Wall, die »Atmosphäre«,[146] die jeden Teil der als Souverän versammelten Menge umfängt, typischerweise auf einem großen Platz wie in den Schweizer Stadtrepubliken, die Rousseau im Sinn hatte. Dieses Gefühl ist das unsichtbare Band, das die Menschen dazu bringt, Argumenten zu glauben oder zuzustimmen, die sie selbst nicht geprüft haben oder die sie als ihrem persönlichen Interesse entgegengesetzt und gleichzeitig kollektiv vorteilhaft ansehen. Es ist die Kluft zwischen dem Ich und dem Ich als Teil des Wir. Genau diesen tief demokratischen Affekt erleben die Menschen heute, wenn sie sich an Protestaktionen beteiligen, die nicht einfach bloß ihre persönlichen, privaten Interessen bekräftigen. Man kann also argumentieren, dass Menschenmengen entweder eine kleinere oder manchmal sogar größere Version des demokratischen Souveräns einer direktdemokratischen Bürgerversammlung oder Stadtrepublik darstellen, oder präfigurativ vorwegnehmen, wie die direkte Demokratie sein soll.[147]

Zur direkten Demokratie schreibt Rousseau: »Die Kraft des Volkes wirkt […] nur, wenn sie versammelt ist; sie verflüchtigt sich und geht verloren, wenn sie sich ausbreitet, wie die Wirkung des Pulvers, wenn es auf den Boden gestreut wird und nur Korn für Korn Feuer fängt. Die am schwächsten bevölkerten Länder sind daher am besten für eine Tyrannei geeignet.«[148] In demokratischen Republiken sind Gehorsam und Freiheit dasselbe. Der Souverän kann nur handeln, wenn das Volk versammelt ist. Je stärker die Regierung ist, desto häufiger müssen Versammlungen stattfinden und Bürger:innen daran teilnehmen. Und je besser die Verfassung funktioniert, desto mehr treten die öffentlichen Angelegenheiten hinter die privaten zurück.

Was die soziale Bindung anbelangt, die den allgemeinen Willen bildet, so betont Rousseau, dass die Menschen sich als Einheit mit einheitlichem Willen betrachten. Das gilt wegen der sozialen Homogenität und des Vertrauens vor allem in einer vormodernen Gesellschaft von Kleinbürger:innen ohne viele Möglichkeiten, sich hervorzutun. Denn in einer harmonischen, friedlichen und egalitären Gesellschaft gibt es keine widersprüchlichen Privatinteressen. Es sind nur wenige Gesetze notwendig, und »Der erste, der sie vorschlägt, sagt nur, was alle schon gefühlt haben«.[149] Wenn die Republik verrottet ist, geschieht dies, weil »das soziale Band [...] in allen Herzen zerrissen [ist]«.[150]

Wenn in diesem Sinne alles in Ordnung ist, gibt es keine Streitigkeiten, weil es keinen Grund für Meinungsverschiedenheiten gibt, und daher werden alle den allgemeinen Willen anerkennen. Denn der allgemeine Wille ist ohnehin das, was alle wollen. Das Interessante an Rousseaus Theorie umkreist also vielmehr die Voraussetzungen des allgemeinen Willens und nicht den Prozess seiner Bildung.

Diese Interpretation kollidiert jedoch mit der Bedeutung, die der Philosoph den öffentlichen Versammlungen zuschreibt: Ihre wesentliche Aufgabe ist es, die Regierung zu kontrollieren und zumindest einige Gesetze zu erlassen.

Auch wenn sich die republikanischen Bürger:innen in den meisten – und wesentlichsten – Themen einig sind, müssen sie gleichwohl ständig gegen die Versuchung der Fraktionsbildung und des Separatismus ankämpfen. (Die Französische Republik wird bis heute von diesen Gespenstern heimgesucht, zumindest in ihrer eigentümlichen Selbstwahrnehmung.) Dazu brauchen sie einen starken sozialen Zusammenhalt, der eben in öffentlichen Versammlungen gepflegt wird. Republikanischer Geist muss ausgelebt werden.

In den Versammlungen beraten sich die Menschen nicht so sehr, sondern demonstrieren vielmehr, dass sie eins sind, indem sie Zustimmung zeigen – nicht zuletzt auch eine Zustimmung, die kritisch ist gegenüber der Regierung oder anderen Hierarchien. Wenn der Souverän auf hierarchische Strukturen trifft, müssen diese weichen, was durch ein einheitliches Auftreten direktdemokratischer Gewalt geschieht.

Rousseaus Souverän ist in zweierlei Hinsicht eine Menge ohne Zahlen. Erstens zählt sein Souverän keine Mitglieder, weil der allgemeine Wille unabhängig ist von einzelnen Stimmen mit ihren privaten Interessen und ihrem aus seiner Sicht potenziell schädlichen Wunsch nach spaltender Gruppenbildung. Zweitens muss der Souverän die Einheit gegen die Hierarchie repräsentieren (präfigurieren), indem er sie performiert, also aufführt und inszeniert. Das wahre – und todernste – Theater findet auf dem öffentlichen Platz statt, wenn sich das Volk versammelt.

Rosa Luxemburg – Der spontane demokratische Wille

Rosa Luxemburgs Auffassung vom Ausdruck des demokratischen Willens unterscheidet sich stark von Rousseaus souveränitätszentriertem Ansatz. Sie glaubt nicht an die Volkssouveränität, weil es in ihrer Konzeption kein einheitliches Volk gibt. Was Rousseau sein ganzes philosophisches Leben lang suchte und oft nicht fand,[151] ist für sie bedeutungslos: Einheit, Harmonie, Konsens oder eine homogene soziale Struktur, die es den Menschen ermöglicht, den allgemeinen Willen zu erkennen. Sie teilt ebenso wenig Rousseaus Vorliebe für die Unterdrückung oder sogar die Kriminalisierung abweichender Meinungen. Im Gegenteil, sie befürwortet eine offene Debatte, ein Maximum an Möglichkeiten für diverse Standpunkte und eine soziale und politische Polarisierung, um auch die marginalisiertesten Stimmen zu berücksichtigen. Das bedeutet nicht, dass Luxemburg den liberalen Pluralismus bevorzugt – denn gerade der Pluralismus neigt ihr zufolge dazu, Differenzen zu bagatellisieren und in die Mitte zu rücken, weil er nach Ausgleich und Balance strebt. Vielmehr ist für sie die politische Wahrheit klar verortet, wenngleich nur in ihren Umrissen.

Sicher ist für sie, dass es einen Klassenkampf gibt, dass die Bourgeoisie besser organisiert ist und deshalb die proletarische Mehrheit ein demokratisches Mitspracherecht braucht – nach dem Motto: »Lassen Sie die Stimmen zählen, aber zeigen Sie kein übertriebenes Vertrauen in die parlamentarischen Verfahren, in denen die sozialen Gegensätze ihre Schärfe verlieren.« Um ihr Eigeninteresse zu verstehen, müssen die proletarischen Massen untereinander über ihr Los, ihre Strategien und Taktiken diskutieren. Nichts sollte von einer Parteiführung diktiert werden. In politischen Diskussionen und den daraus resultierenden Aktionen üben die Massen ihre spontane Willensbildung aus. Diese Spontaneität erfordert ein kollektives Bewusstsein, das heißt in Luxemburgs Vorstellung vor allem ein Klassenbewusstsein. Aus diesem aufsteigenden Bewusstsein und der Erfahrung der Selbstwirksamkeit heraus werden die Menschen ermächtigt und emanzipieren sich so von der geistig hegemonialen Machtstruktur. All dies vollzieht sich in Menschenmengen, insbesondere wenn sie sich zu Massenstreiks versammeln.

Massenstreiks sind ein interessantes, ambivalentes Zwischenphänomen, was sich auch darin zeigt, dass einige der jüngsten Analysen (wie beispielsweise die oben skizzierte von Joshua Clover) einen Unterschied zwischen Streiks und Unruhen (Riots) betonen. Dieser Argumentation zufolge sind Unruhen typisch für die Zeit vor und nach der Blütezeit des Industriekapitalismus, in der sich die Aufständischen auf den Konsum beziehungsweise die Zirkulation konzentrieren (Merkantilismus und Finanzkapitalismus), während Streiks meist in industrialisierten, produktionsorientierten Gesellschaften stattfinden. Kritiker:innen haben zu Recht auf die relative Abwesenheit der Sklaverei in Clovers Darstellung hingewiesen. Während der nordamerikanischen Sklaverei, also in der Zeit des Merkantilismus, erhoben sich aber die Sklav:innen gegen ihre Herren in der Produktionssphäre. Und im Industriezeitalter berührten Revolten und Massenstreiks auch die Sphäre der Zirkulation. Sabotage, Ausschreitungen, Plünderungen und vor allem Massenstreiks waren bei den Protesten von Arbeiter:innen und Nichtarbeiter:innen in der ersten Hälfte des 20. Jahrhunderts keine Seltenheit. Streikposten und Massenstreiks sind nach wie vor wichtige Anschauungsobjekte für einen wirksamen Protest.

Luxemburgs Theorie des Massenstreiks wurde in der Periode des Industriekapitalismus entwickelt, die laut Clover die Ära der geordneten, auf die Fabriken beschränkten Streiks war. Clovers Perspektive ist also weniger revolutionär, als er selbst annimmt, während Luxemburg darauf hinweist, dass das Proletariat nur im Kampf für die soziale Demokratie und in der Ausübung seiner Rederechte zum Klassenbewusstsein gelangt. Die Demokratie mache die Revolution, d. h. die Eroberung der politischen Macht durch das Proletariat, nicht überflüssig – im Gegenteil, die Demokratie mache die Revolution sowohl notwendig als auch möglich.[152] Denn es gebe keine legitime Avantgarde-Revolution wie bei einem blanquistischen, von einer Kleingruppe durchgeführten Staatsstreich, sondern nur eine echte Revolution der klassenbewussten Massen.

Wenn Luxemburg also für eine umfassende Demokratie plädiert, denkt sie nicht an das Auszählen von Stimmen oder das Überlassen von Entscheidungen an Einzelne. Sie denkt an die rohe Macht, die die Massen ausüben können, wenn sie zu dem Schluss gekommen sind, dass sie durch ihr gemeinsames Schicksal als soziale Klasse geeint sind. Diese Schlussfolgerung dürfe nie zu schnell gezogen werden, indem man die freien Diskussionen überspringe. Diese seien vielmehr notwendig, um herauszufinden, wer man ist und wohin man gehört. Und wenn die Zeit der Revolution gekommen sei, die nicht allein dem Willen unterworfen ist, werde dies eine lange Periode des Kampfes sein, in der die Massen mit ihren Aufgaben wachsen würden.

So wird nach Luxemburg auch in der Revolutionsära die wahre Demokratie (als Lebensform) im Sinne eines wachsenden politisch-ökonomischen Selbstbewusstseins und politischen Urteilsvermögens nicht als bloß bürgerliche Idee der Vergangenheit angehören. Organisierung, Bewusstseinsbildung und Kampf seien verschiedene Facetten desselben revolutionären Prozesses. Und selbst ein Zentralismus innerhalb der Partei sei kein Tabu. Interessanterweise muss sich dieser innerparteiliche Zentralismus wiederum auf zählende Mehrheiten stützen, aber nur auf die »aufgeklärtesten« oder selbstbewusstesten Teile der Arbeiterklasse. Diese Entscheidungsfindung könne aus Massenstreiks resultieren, soweit es sich um strategische Wendepunkte handele: mit

Agitprop, Volksversammlungen und öffentlichen Vorträgen. Am Anfang stehe die (spontane) Massenaktion.

Die ständige direkte Aktion trage dazu bei, dass die Parteieliten nicht opportunistisch (revisionistisch) oder blanquistisch (konspirativ-verschwörerisch) werden. Demokratischer Experimentalismus ist notwendig, um das Massen-Ich zu wachsendem revolutionärem Klassenbewusstsein zu führen. Der Massenstreik ist eine Form dieses revolutionären Experimentalismus und zeichnet sich dadurch aus, dass hier die politischen und wirtschaftlichen Konflikte nicht voneinander zu trennen sind und dass er spontan ist. Spontaneität bedeutet Unberechenbarkeit; und Massenstreiks sind unberechenbar, weil sie »ein Kampf mitten im unaufhörlichen Krachen, Zerbröckeln, Verschieben aller sozialen Fundamente« sind.[153]

Während der Revolution werde jeder Teilnehmende des Kampfes zum »Revolutionsromantiker«[154] – die für diese Episoden typischen solidarischen Beziehungen seien unvergesslich. Sie errichteten sogar eine Art alternatives inneres Zeitregime, das im Einklang mit den (meist) messianischen Zeiten stehe, die die gewöhnliche lineare Zeit unterbrechen. Generell durchlaufe die Menge einen kollektiven Lernprozess, der die objektiven Widersprüche der formalen Vorstellungen von Zeit aufdecke. Der entscheidende Widerspruch sei, materialistisch gesehen, der zwischen den Klassen. Luxemburgs Menge versucht, die Gewalt von deren Verschmelzung in der kapitalistischen Demokratie (heute im Mittelstand) fernzuhalten.

Solange diese Gewalt andauert, sollen die Massenstreiks der Arbeiter:innenscharen das demokratische Bewusstsein erweitern. Das Gleiche gilt im Anschluss an Luxemburg für andere Formen des Klassenbewusstseins, die in den heutigen Gesellschaften relevant sind: beispielsweise das Bewusstsein der Geschlechter oder der *race*. Um zu bestimmen, was Luxemburgs Modell der Spontaneität heute so aktuell machen könnte,[155] muss man die ganze Bandbreite des verallgemeinerten Klassenbewusstseins in Betracht ziehen. Verallgemeinert deshalb, weil all diese Klassen auf der episteme-/bewusstseinsbasierten Herr/Knecht-Dialektik beruhen, wie sie ursprünglich von Hegel in seiner *Phänomenologie des Geistes* entwickelt wurde.

Mit anderen Worten: Die Bewusstseinsbildung in der Masse betrifft nicht nur die Arbeiter:innen, sondern kann auch für Bewegungen wie Black Lives Matter oder Women's Marches relevant sein. Jedem Einzelnen der »ineinander greifenden Systeme der Unterdrückung« (so das Combahee River Collective Statement, die Gründungsurkunde der linken Identitätspolitik) muss folgerichtig durch den Aufbau eines Klassenbewusstseins in diesem erweiterten Sinne und nach Luxemburgs Vorgaben begegnet werden: kein Blanquismus, keine falsche Avantgarde-Stimmung, kein Autoritarismus, sondern ein weit offener Raum für freie Rede und kollektives Lernen.

Es scheint denkbar, dass Luxemburgs Modell der kollektiven Bewusstseinsbildung, der Selbstermächtigung und der spontanen Willensbildung mit einem revolutionären Ziel vor Augen noch zur Massen- als erweiterter Klassenpolitik beitragen kann.

1968er-Bewegung – Öffentliche Vernunft gegen Macht

Ein anderes Protestparadigma stellt die Vernunft (anstelle von Rousseaus Souveränität oder Luxemburgs Klassenbewusstsein) in den Mittelpunkt, wie typischerweise in den Bewegungen der außerparlamentarischen Opposition (APO) in Westdeutschland, Frankreich, USA, Japan und anderswo in den 1960er und 1970er Jahren.[156] Da die meisten Teilnehmenden an Versammlungen damals einen akademischen, nicht typisch proletarischen Hintergrund hatten und somit Teil einer intellektuellen Avantgarde waren, konzentrierten sie sich auf ein weniger ökonomisch bestimmtes, sondern eher universell politisches Bewusstsein. Der Mechanismus der Moralisierung politischer Probleme, der Antifunktionalismus, war in diesen Bewegungen stark ausgeprägt und spiegelte in Deutschland, so der Soziologe Oskar Negt, ein gesellschaftliches Unbewusstes der nicht ausreichend reflektierten Nazi-Vergangenheit wider.

Revolution wurde als permanenter Protest definiert.[157] Dabei spalteten die neulinken Bewegungen den deutschen Liberalismus in gegensätzliche Lager, dessen konservativer Flügel mehr der meritokratischen Ideologie anhing, während sich sein linker Flügel an sozialistische Ideen annäherte, wenn auch unter demokratischen, antibürokratischen Vorzeichen.

Die Reaktion der westdeutschen Gesellschaft neigte im Allgemeinen dazu, die Studierendenbewegung als Wiedergeburt der chaotischen Straßengewalt der späten Weimarer Republik zu betrachten und sie als Linksfaschisten zu denunzieren. Darin wurde ein spezielles Verhältnis der deutschen Gesellschaft zum Phänomen der Gewalt deutlich. Während die Nazi-Verbrecher:innen sich weiter versteckten und weigerten, sich mit ihren Gräueltaten auseinanderzusetzen, machte die Gesellschaft für den Aufstieg der NSDAP vor allem Weimars politische Polarisierung inklusive häufiger Straßenkämpfe verantwortlich. Anstatt zu versuchen, die besondere Art von Gewalt zu verstehen, die den deutschen Faschismus und manche neofaschistischen Gruppen der Nachkriegszeit kennzeichnete,[158] begannen die Deutschen, Gewalt in abstracto zu verabscheuen, ohne ihren Kontext und ihre Rechtfertigung zu berücksichtigen. Dies führte auch dazu, dass viele die befreiende Gewalt der Alliierten während des Zweiten Weltkriegs verurteilten und mit dem Naziterror auf eine Stufe stellten.

Hinzu kommt, dass es in Deutschland keine positive revolutionäre politische Tradition gab, insbesondere keine nachwirkenden antifaschistischen Bewegungen wie die Résistance, die spanischen Republikaner:innen oder die italienischen Partisan:innen. Es fehlte daher an einem konzeptionellen Rahmen, um die APO-Bewegung mit ihren dezidiert demokratischen, antifaschistischen Eigenheiten zu beurteilen. Mithin solidarisierte sich die breitere politische Linke nicht in dem Maße mit der Bewegung, wie es in Frankreich während des revolutionären Mai 1968 oder in Italien bei den Fabrikbesetzungen des Operaismo der Fall war.

Dennoch wirkten sich die Protestbewegungen nachhaltig auf die deutsche Gesellschaft aus, nicht zuletzt durch die Verschärfung der gesellschaftlichen Widersprüche und die damit verbundene

Auseinandersetzung mit den verdrängten Konflikten. Diese Erkenntnis lässt sich verallgemeinern. Aus ihrem Beitrag zur Demokratisierung der Gesellschaft (und ihrer emblematischen »ideologischen« Institutionen wie beispielsweise der Universität) können Protestbewegungen bis heute demokratische Legitimation ableiten. Man kann diesen – in der typischen normativen Lesart von Habermas' Theorie vom *Strukturwandel der Öffentlichkeit* – als kollektive Herstellung einer kritischen Öffentlichkeit von unten kennzeichnen.

Ironischerweise manifestierten die Proteste nach 1965 gleichzeitig eine Moralisierung und Verachtung von Gewalt per se, was ihre Sicht auf den Vietnamkrieg oder ihre Sensibilität für die strukturell gewaltsamen Nord-Süd-Beziehungen (die Unterdrückung der sogenannten Dritten Welt) betrifft. Diesen Kampf um die moralische Integrität des politischen Handelns führten sie dadurch, dass sie die Vernunft gegen die Macht stellten, indem sie an die Unvernunft in den real existierenden Machtstrukturen erinnerten. Da diese Machtstrukturen nur überwunden werden können, wenn sie sichtbar und transparent gemacht sowie öffentlich politisiert werden, versuchen Protestmengen die Gesellschaft physisch dazu zu zwingen, sich unterdrückten Teilen ihrer sozialen Psyche zu stellen.

Vernunft steht also nicht für bloßen körperlosen Geist oder blutleere Rationalität. Vielmehr bezeichnet sie das dialektische Gleichgewicht von verstandeshafter Rationalität, Ideal und Affekt. Daher überrascht es nicht, dass die Protestbewegungen häufig auf alternative Spiritualität, kritische Psychoanalyse und andere weniger rationalistische Praktiken zurückgriffen. Damit wollten sie demokratischere Subjekte aufbauen, die weniger geneigt sind, Führern zu folgen und hierarchisierende Kategorien zu verwenden. Die Begünstigung der Herausbildung egalitärerer Persönlichkeiten ist eine Errungenschaft der postproletarischen Protestbewegungen der Jahre 1968 ff. Ein weiterer großer ideeller Erfolg liegt in dem mit dem Widerstand gegen funktionalisiertes Wissen und kapitalistische Aneignung eng verknüpften Bestreben, die Universitäten als eine Art »autonome vierte Gewalt«[159] zu etablieren.

Die universitären Institutionen sollten für die emanzipatorischen Interessen der Menschen eintreten und damit in die Willensbildungsprozesse demokratischer Gesellschaften aktiv eingreifen.

Zusammenfassend lässt sich sagen, dass das Modell von 1968 in teilweiser Übereinstimmung mit dem Modell von Luxemburg Protestmassen beschreibt, die die Widersprüche der formalen Freiheit und Gleichheit in demokratischen Staaten aufdecken. Dabei stellen sie aber einen anderen Aspekt in den Mittelpunkt: die gewaltsame Verschmelzung von Vernunft und Macht in den real existierenden Demokratien. Sie zeigen, dass eine kritische, nicht mehr affirmative und manipulative Öffentlichkeit in fortgeschrittenen Demokratien möglich ist. Indem sie Gegenmächte bilden, reagieren sie auf die Machtkonzentration (»Vermachtung«) in der postliberalen Öffentlichkeit, auf die »ideologischen Staatsapparate«, die für die gesellschaftliche Reproduktion seit langem prägend sind.[160]

So erreichen sie ein verallgemeinertes Bewusstsein durch die Politisierung des Alltagslebens und der Institutionen, mit den Worten Rudi Dutschkes: »In jeder Mobilisierung der Massen steckt unter den heutigen Bedingungen ein Moment des Bewusstseins für die bestehenden Mechanismen der Gesellschaft als Ganzes.«[161] Diese Politisierung kann zur Demokratisierung von Teilen der Gesellschaft beitragen, die sich normalerweise gegen ihre eigene Infragestellung wehren. In demokratischen Gesellschaften können und müssen Vernunft und Macht entkoppelt werden, wie die 68er-Menschenmengen verhießen.[162]

Elias Canetti – Die Macht der Umkehrungsmassen

Der Schriftsteller Elias Canetti war einer der maßgeblichen Analyst:innen der Macht von Menschenmassen. In seinem Buch *Masse und Macht* unterscheidet er zwischen einer ganzen Reihe von Menschenmengen, von denen er eine als »Umkehrungsmasse« bezeichnet. Diese ist die Protestmenge schlechthin.

Laut Canetti wollen sich die Protestierenden für die »Stiche« revanchieren, die sie durch die Befehle erlitten haben, die ihnen von den höheren Schichten der Gesellschaft aufgezwungen wurden. Das mag ein wenig naturalistisch klingen, beschreibt aber sehr gut, was viele Menschen als grobe Ungerechtigkeit empfinden. Ihnen wird wenig Raum für das Gefühl der Selbstwirksamkeit gelassen, weil sie ständig für andere statt für sich selbst arbeiten und nie zeigen können, wer sie wirklich sind und was sie können.

Die Stiche sind also nicht metaphorisch gemeint, sondern reale Wunden in der menschlichen Seele (oder Psyche). Um sie loszuwerden, treten oft Hetzmassen auf, die ihre negativen Energien gegen die Schwachen »weiter unten« richten, die sozial noch schlechter gestellt sind als sie selbst: »Die Schafe, bevor sie sich an die Wölfe wagen, wenden sich gegen die Hasen. Vor der Umkehrung, die sich gegen die Oberen selber richtet, hält man sich an den Untersten schadlos, den jagdbaren Tieren.«[163]

Die Umkehrung ist wieder einmal das Ergebnis eines kollektiven Lernprozesses. Anders als gedankenarme (wie beispielsweise rassistische) Hetze erfordert es Strategie und Taktik, sich gegen die Mächtigen zu wenden. Darum formieren emanzipatorische Massen sich oft langsamer und müssen besser organisiert werden, obwohl sich ihre Aktionen gegen rational leicht nachvollziehbare Ziele richten. Ihr Hass nimmt die Form von Wut oder Zorn an, lange bevor er in eine hetzerische Gestalt übergehen kann.

Canettis Modell der Umkehrungsmassen ergänzt die Unterteilung in die souveräne, die klassenbewusste und die politisch bewusste Masse, indem es den politischen Affekt in den Mittelpunkt stellt. Es spiegelt wider, dass die Demokratie nur gedeihen kann, wenn sich Menschen von Zeit zu Zeit erheben, um sich von zu vielen Stacheln der Befehle zu befreien. Umkehrende Menschenmengen erinnern daran, dass Demokratie nicht auf Gehorsam beruht, sondern auf der Negation von Hierarchien. Die Verneinung der Hierarchie muss konkret sein und sich gegen das passende Ziel richten, aber sie bleibt für lebendige Demokratien unverzichtbar.

Demokratien werden immer wieder mit Ungehorsam und zivilem Aufbegehren konfrontiert, weil Machtstrukturen starr und folglich schwer erträglich werden können. Demokratische Negation ist konkrete Negation, bei der der Affekt in ein Urteil kanalisiert wird. Dies vollzieht sich in der Menge leichter als in der Isolation, die zu Abstraktionen neigt. Und nur in der Masse kann sich genügend Gegenmacht konzentrieren, um den legitimen, den mächtigen Objekten des demokratischen Zorns wirksam entgegenzutreten. Genau das ist der Beitrag der Umkehrungsmassen zur demokratischen Legitimität: Sie lenken den legitimen egalitären Zorn auf legitime egalitäre Ziele; sie verbinden Opfer und Täter:innen (statt einem antisemitisch oder rassistisch imaginierten Pseudo-Täter) und bewahren so die demokratische Solidarität.

Martin Breaugh und Kolja Möller – Der Plebs in der Revolte

Neben Hegels Dialektik von Herr und Knecht (Sklave), die Luxemburgs und Habermas' Darstellungen inspiriert, oder Canettis eher naturalistischer, psychologischer Sichtweise kann man noch auf eine andere prägende Geschichte für die politische Philosophie der (demokratischen) Negation verweisen. Diese weniger bekannte Geschichte ist die Bildung der Plebs als politisches Subjekt, ihr Gründungsmoment des Rückzugs oder der Sezession auf den Aventin im Jahr 494 v. Chr. Das einfache Volk der Plebs weigerte sich seinerzeit, ohne politische Zugeständnisse weiter für die Führungsschichten zu arbeiten, und zog sich auf den römischen Hügel Aventin zurück – mit Erfolg.

Im Gegensatz zu den beiden hegelianisch inspirierten Modellen schließt das auf der Plebs beruhende Konzept von Martin Breaugh die Überwindung der sozialen und politischen Spaltung aus. Es glaubt weder an Teleologie oder Erfüllung noch an glückliche Lösungen für grundlegende politische Widersprüche. Jedoch geht Breaugh fest davon aus, dass die Menschenwürde durch politisches Handeln errungen werden kann, was die »plebejische Erfahrung«[164] grundlegend definiert. Anders als das Klassenbewusstsein im weiten Sinne »bezeichnet die Plebs weder eine soziale Kategorie noch eine Identität, sondern ein grundlegendes politisches Ereignis: den Übergang von einem subpolitischen Status zu dem eines vollwertigen politischen Subjekts.«[165] Der Logos (freies Sprechen) wird der grundlegenden Phoné (Ausdruck von Lust, Schmerz) hinzugefügt. Die plebejische Erfahrung ist »innerhalb der machiavellistischen Konstellation angesiedelt.«[166] Damit bezieht sich Breaugh auf die »gegensätzlichen Temperamente« in einer Republik: die *grandi*, die herrschen wollen, und die *plebs*, die nicht beherrscht werden will. »Alle Gesetze, die zugunsten der Freiheit gemacht werden, entstehen aus ihrer Uneinigkeit.«[167] Die Plebs greift punktuell ein, um die drohende allgemeine Korruption zu verhindern.

Indes kann der Wunsch nach politischer Freiheit in den Wunsch nach Knechtschaft umschlagen, wenn die Plebs sich freiwillig von den politischen Führern verzaubern lässt, anstatt sich selbst zu emanzipieren. So kann sich die Plebejer:innenschar leicht gegen sich selbst oder gegen die schwächeren Teile der Gesellschaft wenden, was Canetti als »Hetzmassen« bezeichnet. Breaugh nennt drei Kriterien für plebejische Erfahrungen: Kommunalismus, Agoraphilie und eine Zeitlichkeit der »Lücke/Bresche«, die Spuren hinterlässt.[168]

Der Kommunalismus steht für die Ablehnung des Staates als eines Apparates, dessen sich die Herrschenden – der übergeordnete Teil der »ursprünglichen Spaltung des Sozialen« (Claude Lefort) – gewöhnlich bedienen. Er wurde in revolutionären Ereignissen wie der Pariser Kommune von 1871 in die Praxis umgesetzt. In den kommunalen Räten wurde das Recht »von unten« gemacht, aber auch (in wichtigen Fällen) angewandt; die Polizei war den Räten direkt unterstellt, das stehende Heer wurde aufgelöst. In jeder Hinsicht beruht der Kommunalismus auf der direkten Handlungsfähigkeit der politischen Subjekte, auf der Schaffung radikal demokratischer, egalitärer Räume. Agoraphilie wiederum bezeichnet eine demokratische (nicht-liberale) Denkweise, die die Angst vor der »Tyrannei der Mehrheit« und das Misstrauen in die politischen Fähigkeiten des Volkes überwindet. Sie ist radikalen Verfechter:innen des repräsentativen Systems oft ein Gräuel, insofern sie versuchen, die direkte Beteiligung und damit die politische Freiheit einzuschränken.[169]

Schließlich ist die spezifische Zeitlichkeit der plebejischen Erfahrungen die einer »Lücke« (Arendt) oder »brèche« (Lefort), die »nicht über längere Zeit aufrechterhalten werden kann.«[170] Dennoch wird sie in Breaughs Worten »nie vergessen«, weil sie »Spuren« hinterlässt und eine »diskontinuierliche« Geschichte/Tradition begründet.[171] Die kollektive Erfahrung von Selbstverwaltung und materieller Gleichheit lässt sich nicht einfach verdrängen. Durch diesen konstitutiven Bezug auf das urdemokratische Prinzip der Gleichheit kann die plebejische Revolte selbst in den Augen konservativer Beobachter:innen den politischen Fortschritt verkörpern.[172]

Diese Idee fortschrittlicher plebejischer Revolten wird in Kolja Möllers Buch *Volksaufstand und Katzenjammer* aufgegriffen und weiterentwickelt. Vor dem Hintergrund der neuen populistischen Welle geschrieben, deckt es mehrere strukturelle Irrtümer auf, in die derartige Bewegungen verfallen können. Dies ist von größter Relevanz, da genau diese Fehler die revoltierenden Volksmengen vermeiden müssen, um demokratische Systeme legitimieren zu können.

Die von Möller unterschiedenen Irrtümer sind:

1. Der voluntaristische Irrtum: Politischer Wandel soll aus reiner Willenskraft ableitbar sein;
2. Der identitäre Irrtum: Ein Volk soll eine unveränderliche, transhistorische Einheit sein;
3. Der autoritäre Irrtum: Ein Volk wird nur für die Akklamation von demagogischen Führer:innen benötigt.[173]

Interessanterweise finden sich diese Irrtümer in verschiedenen Versionen der oben genannten Paradigmen der demokratischen Massen. Der Voluntarismus kann sich leicht auf eine hyperidealistische Interpretation von Rousseaus Theorie des demokratischen Souveräns stützen. Ein solcher demokratischer Voluntarismus ist typisch für Protestmassen, die ihre Kraft überschätzen. Nur

Proteste, die den politisch-ökonomischen Kontext berücksichtigen, können zu einem dauerhaften politischen Wandel beitragen, der in demokratische Entscheidungsprozesse mündet.

Identitäres Denken kann in zwei Formen auftreten: entweder in einer pseudorousseauistischen Variante, die den Souverän als historische Entität missversteht, oder in Luxemburgs Modell, wenn Klassen-(Geschlechter-, *Race*-)Bewusstsein verdinglicht wird. Beide theoretischen Irrtümer können sich in der Praxis des Protests niederschlagen und dann zu protestumkehrender Autoritätsstabilisierung oder introvertierter Identitätsfixierung beitragen.

Der Autoritarismus ist das Ergebnis einer Schmitt'schen Fehlinterpretation von Rousseaus Rechtfertigung der direkten Demokratie, die die versammelte Masse auf ihre Akklamationsfunktion reduziert, und findet eine gewisse, wenn auch sehr fragile Unterstützung in bestimmten zweideutigen Teilen von Rousseaus Theorie (wie in seiner Theorie der »kleinen Regierung« für große Staaten und seiner allgemeinen Abneigung gegen den Pluralismus). Darüber hinaus weist Luxemburgs Kampf mit dem Leninismus und dem Blanquismus auf eine ähnliche Versuchung hin; dasselbe gilt für Canettis Beschreibung von solchen Umkehrungsmassen, die sich gegen die Schwachen wenden.

Wenn sie all diese Irrtümer vermeiden, entgehen Protestmassen nicht nur dem schlechten Populismus (und damit der Entartung des Plebs in der Revolte), sondern können wie gesagt zur Legitimität demokratischer Urteile als Entscheidungsgrundlagen beitragen, wenn auch auf sehr unterschiedliche Weise. Dies bedarf nun einiger zusammenfassender Erläuterungen.

Welche Herrschaft der ungenauen Zahlen?

Trotz unterschiedlicher Vorstellungen von Demokratie, die den fünf Modellen implizit zugrunde liegen, bestehen interessante Konvergenzpunkte. Erstens scheinen sie alle der zentralen Rolle des genauen Auszählens wenig Beachtung zu schenken, indem sie sich auf das Innenleben und die Außenwirkung von

Protestmengen konzentrieren. Beide funktionieren notwendigerweise in einem kollektiven und nicht streng individualistischen Modus. Rousseaus Souverän, Luxemburgs zunehmend selbstbewusste Massen von Arbeiter:innen oder anderen unterprivilegierten, manchmal subalternen Teilen der Gesellschaft, die universalistisch-emanzipatorische Avantgarde von 1968, Canettis Umkehrungsmassen und Breaughs/Möllers direktdemokratische Anfechtung durch die Plebs stimmen in diesem Punkt überein.

Sie zeigen alle trotz unterschiedlicher Nuancen, dass eine wahrhaft demokratische Gesellschaft nicht allein auf der Basis von Einzelauszählungen und dem daraus resultierenden formalen Mehrheitsprinzip gedeihen kann. Gleichzeitig verunglimpft kein Modell per se das demokratische Potential der klassischen liberalen Demokratien mit ihrer majoritären Staat-Individualrechte-Dichotomie. Letztere (Institution) ist notwendig, aber nicht ausreichend, um das demokratische Versprechen (der Lebensform) zu erfüllen.

Daher leistet die Protestative einen spezifischen, aber weitreichenden Beitrag zu den heutigen real existierenden Demokratien. Sie verschafft ihnen eine zweite Säule demokratischer Legitimität im Sinne der zunehmenden positiven Bedeutung gegeninstitutioneller Mechanismen wie *surveiller, empêcher, juger* (nach Rosanvallon: Überwachung, Verhinderung, Urteil). Diese laufen weniger Gefahr, die demokratischen Institutionen zu lähmen, als im Gegenteil notwendiger und a priori Bestandteil wahrer Demokratien zu sein.

Gleichzeitig sieht die These der zweiten Säule oder der vierten Gewalt die Protestmengen nicht als Zeichen des Niedergangs der geordneten Demokratie (einer Postdemokratie im Sinne Jacques Rancières, Colin Crouchs oder Slavoj Žižeks) oder ihrer abstrakten Negation, sondern als eine Wiederherstellung der stets präsenten und latenten, notwendigen Protestative des demokratischen Urteils als Lebensform. Ohne diese wäre keine institutionelle Demokratie auf Dauer lebensfähig, weil ihr sonst die Erstarrung durch besser organisierte Bewahrungsinteressen drohte.

Zeitgenössische Demokratien sollten Protestmassen nicht als ein Heilmittel für die oft beschriebenen Repräsentationsdefizite sehen, sondern als konkurrierende, zweite Legitimationsquelle des entscheidungsgründenden Urteils aus eigenem Recht.[174] Die verfassungsrechtliche Balance zwischen den beiden Säulen (Entscheidungsmechanismus und Urteilsgrund, Regieren/Verwalten und Beraten/Urteilen) muss in diesem Sinne neu definiert werden. Es wäre eine Verfassung der Mengen (*constitutio multitudinum*) anzuerkennen, zum Urteilen gleichberechtigt neben der Verfassung der (genauen) Zahlen: ein Teil der Verfassung jenseits von liberalen Rechten und repräsentativ-majoritären Institutionen. So könnte das etatistische Paradigma, also die vielen vereinzelten Individuen gegen den einzelnen Staat, endlich überwunden werden.

Voraussetzungen der Legitimationswirkung von Protestmengen

Neben der grundsätzlichen Anerkennung der Protestmengen als Legitimationsfaktoren bleibt die wichtige Frage zu klären, unter welchen Voraussetzungen Protestgruppen Legitimationskraft entfalten können. Diese Voraussetzungen sind als Ausgleich dafür zu verstehen, dass die Protestative, obschon Staatsgewalt, selbst deutlich weniger grundrechtsverpflichtet als die klassischen Gewalten ist. In ihr überwiegt eindeutig die eigene Ausübung von Grundrechten. Dennoch bedeutet die Anerkennung als protestative Staatsgewalt im Gesamtpolitikum auch, dass man sich für seine Taten gegenüber anderen zu verantworten hat. Daher hat die Beteiligung der Protestative an der Staatsgewalt einige Voraussetzungen.

Der Oberbegriff, der diese Voraussetzungen zusammenbindet, ist der der konkreten Negation. Diese unterscheidet sich kategorial vom vormodernen Widerstandsrecht; sie stellt stets einen vermittelten geschichtsphilosophischen Bezug zur urmodernen Verfassungsrevolutionstrias (Paris 1789 – Philadelphia 1787 – Haiti 1801), also zu befreienden gleichen Rechten, her. Die Negation, wenn sie sich vom Widersprechen zum Sich-Widersetzen vorarbeitet, erfüllt die Bedingung der Konkretion, die ihr Legitimationskraft verleiht, wenn sie die folgenden vier politisch-rechtlichen Unterbedingungen einlöst:

1. Der Inhalt der Negationspraxen muss in emanzipatorischen Zielen bestehen. Emanzipatorische Ziele sind solche, die die gleiche Freiheit der Beteiligten zum ideellen Orientierungspunkt haben.[175] Sie ermöglichen auch in Zukunft die Selbstreflexion der Beteiligten und sind Ergebnis einer vernunftgeleiteten Machtkritik. – Darin besteht die erste Instanz immanenter Transzendenz (juristisch: Fernzielinhalt).

2. Die Form des angestrebten Fernziels lässt sich auf den Begriff einer gerechtfertigten Bezugnahme auf das Gemeinwohl bringen. Dabei wären Fragen zu beantworten wie: Wer ist durch das Ziel potentiell repräsentiert, wie viele ausgebeutete, schwer organisierbare Großgruppen? Oder aber: Wie sozial marginalisiert und isoliert sind die betroffenen Gruppen?[176] Handelt es sich um eine historisch oder gegenwärtig unterdrückte Minderheit? Ist der Negationsakt des Protests einem idealen verfassungsgerichtlichen Urteil ähnlich, indem gerade die ins Licht gerückt werden, die im Dunkeln sind? Wie unterscheidet sich die den Protest tragende Gruppe von einem Lobbyverein? Zugleich: Ist das Kriterium der (qualitativen) Verallgemeinerbarkeit erfüllt und orientiert man sich an universalisierbaren Prinzipien, das heißt auch sozioökonomischen Rechten? Diese Fragen sollen indes keine schematische Gegensatzbildung Bewegung versus Interessengruppe suggerieren.[177] – Das ist die zweite Instanz immanenter Transzendenz (juristisch: Fernzielform).

3. Der Prozess der Negation selbst darf sich nicht zu weit von den angestrebten Zielen entfernen; er kann insbesondere in Ansätzen vorwegnehmen, was erreicht werden soll. Das nennt man Präfiguration.[178] Es geht zwar hier nicht um Fragen der Organisation im engen Sinne – aber doch um ein mögliches Kontinuum der Versammlungspraxis zu Vereinen oder politischen Parteien. Instanzen für Selbstreflexion müssen existieren; es sind Zugangsschwellen zur Protestmenge abzubauen. Wird an das Fernziel ohne unflexible, ausschließende Moralisierung und mit der Bereitschaft zur Selbstreflexion erinnert? Anathema sind jegliche Art von »Partizipationsaristokratie«[179] einerseits, Varianten einer »Tyrannei der Strukturlosigkeit«[180] andererseits. Vorbilder könnten

zum Beispiel klassische Streiks im Arbeitskampf sein, wie auch andere Proteste mit hoher Inklusivität, also wiederum immanenter Transzendenz. Der Vorschlag demokratischer Binnenorganisation und ansatzweiser Formalisierung der Machtbeziehungen, wie ihn Jo Freeman 1972 für feministische Kollektive unterbreitet hat, kann auf Protestmengen übertragen werden. Juristisch läuft das darauf hinaus, das Gebot demokratischer Binnenorganisation politischer Parteien als Strukturparadigma für zivilgesellschaftliche Betätigung insgesamt zu verstehen, da beide auch formal zur demokratischen Legitimation beitragen (Prozessinhalt).

4. Das Nahziel von Negationspraxen müssen demokratische Aktionen mit Bewusstseinsbildung für viele, auch durch Störung – nicht aber durch Ausschluss – sein. Dabei kommt es auf das Verhältnis von effektiver Chance auf Bewusstseinsbildung und Menschenrechtsbeeinträchtigungen Dritter an. Zu fragen wäre hier beispielsweise: Können wilde Blockierer:innen oder Besetzer:innen durch die Wahl dieser Protestform potentiell eine breite Bewusstseinsbildung erreichen? Kann diese Chance die Verringerung des Fahrtempos, also eine Alltagsstörung vieler Bürger:innen aufwiegen? Dieser Aspekt kann durchaus den demokratischen Charakter der Aktion beeinflussen, insofern Sitzblockaden auch zu Lernblockaden führen können (Prozessform).

Rechtliche Folgen

Die rechtliche Lösung der Frage, welche Negation konkret ist und daher demokratische Legitimationskraft besitzt, muss die Kriterien 2 bis 4 kombinieren. Denn diese drei erfüllen die Liberalitätsbedingung eines sozialwissenschaftlich informierten, doch notwendig abstrakten Rechts. So muss in der Rechtsprechung nicht über Inhalte im Sinne des verfolgten Fernziels der Versammlung entschieden werden.

Einen Sonderfall des Rückgriffs auf das Kriterium 1 bildet nur die absolute Grenze der Verfassungsfeindschaft in wehrhaften Demokratien wie der Bundesrepublik Deutschland. Bei Eingriffen gegen

Versammlungen kann sie ausschließlich über Strafgesetze eine Rolle spielen, etwa über das Verbot der Volksverhetzung oder der Verwendung verfassungsfeindlicher Kennzeichen. Derartige Einschränkungen sind prima facie illiberal, da nicht abstrakt-rechtlich, und müssen sich daher in jedem Einzelfall an der demokratisch konstitutiven Meinungsfreiheit messen lassen. Eine verfassungskonforme Einschränkung gelingt nur durch die verhältnismäßige Anwendung eines allgemeinen, nicht-diskriminierenden Gesetzes, wie im Kapitel zum Widersprechen dargelegt. Aber – und darauf kommt es hier an – eine konkret-negatorische Legitimationskraft kann verfassungsfeindlichen Protesten nicht zukommen; beitragen könnten diese nur zum Neu-Verfassen. Die legitime Praxis des Sich-Widersetzens umfasst hingegen auch Druckausübung und Machtentfaltung – beides ist Teil jedes demokratischen Prozesses.[181] Das ergibt sich unmittelbar aus dem vierten Kriterium.

Was wären die verfassungsgebotenen Rechtsfolgen einer entsprechenden Neuinterpretation des deutschen Grundgesetzes? Bezogen auf die Grundrechte, wären Proteste auch in ihrer Zwangswirkung durch Art. 8 GG geschützt, sofern nicht Freiheitsrechte anderer durch Körperverletzung oder bei krassem Machtungleichgewicht oder allgemein übermäßig langer Dauer wesentlich eingeschränkt werden. Gut entwickelt sind diese Rechtsdebatten bei Art. 5 GG in den klassischen Fällen des Boykottaufrufs, wie sie auch in der berühmten »Lüth«-Entscheidung des Bundesverfassungsgerichts Thema waren; aber auch ein erzwungener Boykott wäre so zu behandeln – sofern die Voraussetzungen konkreter Negation gegeben sind und nach Abwägung überwiegen.[182] Das müsste auf Prozesse um Schadensersatz für die Sabotage eines RWE-Kraftwerks oder eine Flugzeugblockade ausstrahlen. Bei reinem Eigeninteresse könnte Protest nur durch das Streikrecht nach Art. 9 III GG geschützt werden.

So wäre die intensiv verletzte Privatsphäre bei einer »Gehsteigberatung/belästigung« der betroffenen Frauen, die vor einer Abtreibungsklinik von Protestierenden angesprochen werden, problematisch, nicht jedoch die zeitweilig behinderte Autofahrt oder die vorübergehend (!) störende Demonstration vor einem

Politikerinnen- oder Abtreibungsarztwohnhaus. Schließlich ist ein »moralischer Test« zulässig – ob die Genannten auch unter mildem Druck bei ihrer Position bleiben, darf man herausfinden wollen.[183]

Hinsichtlich der Staatsorganisation wäre festzuhalten: Aus dem legitimierenden Protest folgt kein imperatives Mandat der Abgeordneten, ebenso wenig eine Abhängigkeit der Justiz von der Straße. Allerdings erwachsen aus dem Protest starke Anhörungs- und Berücksichtigungsrechte oder zumindest das Gebot der Aufnahme der konkret negierenden Argumente in die relevanten Entscheidungen.

Für beide Bereiche, die Grundrechte und die demokratisch legitimierte Staatsorganisation, ist es folglich auf der rechtlichen Ebene nicht erforderlich und auch nicht zulässig, oberflächlich inhaltlich zwischen progressiven, liberalen und reaktionär-rechten Protesten zu unterscheiden. Oft scheitern die Presse und teils die Gesellschaft bei dieser Einschätzung: Die verbreitete Beurteilung der Gelbwestenproteste als regressiv-reaktionär stellte sich schnell als Fehlwahrnehmung heraus.[184] Ähnliches gilt oft für Bauern- oder andere rurale Proteste, die vorschnell »kulturalisiert« werden, statt nach materiellen Interessen zu fragen. Selbst in wehrhaft demokratischen Staaten lassen sich Fernziele (oben Kriterium Nr. 1) nur sehr begrenzt staatlich kontrollieren. So gibt es keinen tauglichen juristischen Maßstab speziell gegen Proteste, die sich gegen das Abtreibungsrecht richten. Anders steht es aber um die abstrakte Form des Fernziels (oben Kriterium Nr. 2) und um Form und Inhalt des Negationsprozesses selbst (oben Kriterien Nr. 3–4) – hier können sich relevante Abweichungen in der rechtlichen Beurteilung ergeben, ohne dass die Liberalitätsbedingung des abstrakten Rechts verletzt wird.[185]

Die Furcht vor der Masse im Protestrecht

Im spinozistischen Protestrecht – verstanden als jeder Rechtssatz, egal aus welchem formalen Rechtsgebiet, der sich konkret auf politische Proteste auswirken kann – operieren staatliche Behörden ohne Misstrauen gegen Massen und im Vertrauen in die Bürger:innen als Mengen. Im Kollektiv versammelte Menschen sieht der Staat hier als sein eigenes Fundament und Legitimationsquelle des eigenen Rechts, nicht als Störung der gewohnten Abläufe oder gar als Hort eines illegitimen Widerstands. Weite Teile des geltenden Rechts in demokratischen Staaten wie der Bundesrepublik kommen diesem Ideal schon recht nahe; andere Länder weisen Defizite auf oder sehen sich gar Rückschritten ausgesetzt. Grundsätzlich problematisch bleiben zwei Punkte: die noch nicht positiv anerkannte Legitimationskraft der unmittelbar-demokratischen Gehalte des Protests, die oben argumentativ belegt wurde, sowie die fehlende machtsensible Wirkungsorientierung des grundgesetzlich eingeräumten Versammlungs- und Protestrechts. Mit letzterem Punkt befassen sich die folgenden Überlegungen.

Insbesondere das Verfassungsrecht fungiert dabei als Speicher des Ideals, das es durch Grundrechte realisiert.[186] Es verweigert sich aber bei der Anwendung der Versammlungsfreiheit einer – gleichrangig neben die ideell-symbolische Dimension tretenden – Betrachtung der materiellen Wirkungschancen des Protests.

Das einfache Gesetzesrecht, erst recht aber dessen Anwendungspraxis verfehlt das Ideal hingegen häufig. Die genannten Regressionen zur Furcht vor der Menge können auf verschiedenen Ebenen stattfinden: auf der Rechtsebene der Versammlungs- und Polizeistrategie[187] wie auf der der Versammlungsgesetze und des Polizei- oder Strafrechts. Zu nennen wäre etwa das aktuell gegen Aktivist:innen eingesetzte Instrument des ursprünglich auf Terrorismus gemünzten Präventivgewahrsams.[188]

Territorialproteste als Paradigma

Sehr ambivalente Züge zeigt der juristische Umgang mit der Art von Protest, die in den letzten Jahrzehnten – nach der großen Zeit der Streiks und der wilden Großdemonstrationen – nicht nur in Europa immer mehr zugenommen hat. Die Rede ist vom Territorialprotest, der Raum greifen möchte, vor allem in Gestalt von

Besetzungen und Blockaden.[189] Territorialprotest erscheint häufig als juristischer Grenzfall; gerade Sitzblockaden balancieren auf einem schmalen Grat zwischen Recht und Unrecht.[190] Eingebürgert hat sich für diese Situation eines Prima-facie-Rechtsbruchs[191] die Verwendung des traditionsreichen politischen Begriffs des zivilen Ungehorsams.[192]

Dem Prima-facie-Rechtsbruch steht die Prima-facie-Ausübung der Versammlungsfreiheit gegenüber. Ob bei den Occupy genannten Platzbesetzungen der 2010er Jahre, den Klimaprotesten im Hambacher oder Dannenröder Forst, in Lützerath, in der Berliner Wuhlheide, in Westfrankreich auf dem Gebiet eines geplanten Flughafens (Notre-Dame-des-Landes), vor den Toren Neu Delhis anlässlich der geplanten indischen Agrarreform oder auf der Autobahn in Den Haag:[193] Der Phantasie der protestativen Macht sind nur wenige Grenzen gesetzt – die meisten Formen des gewaltlosen, zivilen Widerstandes im Sinne des berühmten Katalogs von Gene Sharp von 1973 (*The politics of nonviolent action*) und viele neu erfundene dürften unter die Schutzbereiche der politischen Freiheitsrechte auf Meinungsäußerung, Versammlung, Vereinigung oder Streik fallen. Grenzen müssen in der konkreten Situation unter Beachtung der Menschenrechte Dritter immer wieder neu gezogen werden.

Die demokratische Bedeutung kommt den Protesthandlungen gerade nicht an und für sich zu, sondern erst in der Zusammenschau mit den vom Recht je situativ gezogenen Grenzen. Es ist eine Sache, eine Blockade als Ausübung einer demokratischen Freiheit zu verstehen; eine andere, die ihr zukommende radikaldemokratische Bedeutung zu erkennen, die aus dem Balancieren des Protestes auf dem schmalen Grat zwischen Legalität und Illegalität erwächst. Ein Musterbeispiel für diesen Mechanismus liefert die Sitzblockaden-Rechtsprechung in Deutschland.[194] Wäre es nicht bei einer Blockade im Vorhinein unklar, wie legal die Aktion eigentlich ist beziehungsweise wie sie nachträglich gerichtlich bewertet wird, entfiele ein Gutteil ihrer demokratischen Schubwirkung. Der gesamte zivile Ungehorsam lebt davon, auf dieser juristischen Rasierklinge zu reiten. Evident legaler Protest wie eine friedliche und angemeldete Versammlung bleibt hingegen juristisch so eingedämmt, dass die protestative Macht als eigenständiger Faktor, die *potentia multitudinis*, letztlich kaum zur Geltung kommt. Evident rechtswidriger Protest wie gewaltsamer Widerstand ruft dagegen in der Regel große Abwehr in Staat wie Gesellschaft hervor. Selbstverständlich sind die Grenzen fließend und die realen Grenzfälle Legion, etwa bei der Bewertung von Sachbeschädigungen. Nur die juristische Mittelgruppe der Protestintensität schafft es, dasjenige Maß an rechtlicher Ambiguität zu erzeugen, das die verfasste Demokratie immer wieder auf ihre Blindstellen stößt und an ihre versteinerten Grenzen treibt. Die Protestierenden deuten dabei oft und häufig kreativ politische Freiheitsrechte neu aus, etwa wenn sie behaupten, dass ein Zeltlager eine politische Versammlung sei.[195] Der zivile Ungehorsam ist ein Paradigma der demokratischen Praxis, gerade indem er legal unterbestimmt – aber nicht unbestimmt – ist.

Die Protestierenden machen als Demokrat:innen vom positiven Recht gleichsam negativen Gebrauch und treiben genau damit die Entwicklung des Rechts voran. Diese Entwicklung trägt keinen geschichtsphilosophischen Index, kann also auch Rückschritte in der modernen Egalisierungs- beziehungsweise Gleichfreiheitstendenz mit sich bringen. Zumindest wird die demokratische Unwahrheit derart regressiver Proteste in der Regel früh erkannt und ruft spontane Gegenwehr hervor.

In zivil-kreativen Protesthandlungen zeigt sich, wie kollektive Handlungen ihre politische Bedeutung oft aus ihrem Austesten der Grenzen des Rechts beziehen, die wiederum teilweise durch die verfassungsdeutende Kraft solcher politischen Akte gezogen werden.

Was heißt es, zivilen Ungehorsam juristisch zu denken?

Es lassen sich verschiedene Ausprägungen des zivilen Ungehorsams unterscheiden, die in seiner Ideengeschichte angelegt sind.[196] Samira Akbarian unterscheidet systematisch zwischen ethischpräfigurativem, rechtsstaatlich-integrativem und politisch-disruptivem zivilen Ungehorsam.[197] Ideengeschichtlich kann man zwischen mindestens vier Gruppen differenzieren. Henry David Thoreau wollte im 19. Jahrhundert in den USA keine Steuern bezahlen, um Sklaverei und Kriege nicht zu unterstützen – ihm ging es um sein individuelles Gewissen. In eine ähnliche Tradition, aber mit einem weit strategischeren Gespür, gehört Gandhis Kampf erst in Südafrika und dann für die indische Unabhängigkeit, insbesondere sein berühmter Salzmarsch. Die religiöse Kraft der Wahrheit und Reinheit sollte die *satyagraha*, gewaltlos-zivilen Widerstand und Mut zum Ertragen der Wahrheit und dann die Fähigkeit zur Konversion des Gegners ermöglichen. Seinen Höhepunkt erreicht das Denken des zivilen Ungehorsams beim Dialektiker Martin Luther King: Gerechtigkeit für unterdrückte Minderheiten ist unter der demokratischen Verfassung und mit Bezug auf sie herzustellen, dabei ist durchaus eine Strategie der materiellen und symbolischen Kostenverursachung erlaubt (vgl. seinen Brief aus dem Gefängnis in Birmingham, Alabama).[198] Später versuchten John Rawls und Jürgen Habermas den zivilen Ungehorsam zur *ultima ratio* in der öffentlichen Debatte zu erklären. Besonders diese Theorie beherrscht bis heute die öffentliche Diskussion auch um den Klimaaktivismus. Danach sollen Aktionen des zivilen Ungehorsams nur zulässig sein, wenn sie öffentlich, gewaltlos und symbolisch sind und andere Wege etwa über Petitionen und Klagen fruchtlos geblieben sind, und wenn sie sich auf Verfassungsprinzipien beziehen und die Aktivist:innen ihre Strafe auf sich nehmen.[199]

King hatte sich in manchen Punkten weit flexibler gezeigt. In der Tat kann ziviler Ungehorsam nicht strikte *ultima ratio* sein, wenn die Zeit drängt oder Ungerechtigkeit unerträglich ist. Und ein symbolischer Ungehorsam ist in bestimmten Kräfteverhältnissen von vornherein zur Wirkungslosigkeit verdammt. Auch fallen manche Strafen unzumutbar hoch aus. Daher fordern einige Stimmen eine Abkehr vom allzu engen Verständnis der »Liberalen« Rawls und Habermas ein.[200] Dabei gehen wenige so weit wie Herbert Marcuse, für den Gegengewalt gegen »strukturelle Gewaltverhältnisse« das Kriterium der Gewaltlosigkeit erfüllen kann.[201]

Müssen sich Akte des zivilen Ungehorsams aber nicht immer direkt gegen die Normen richten, die sie letztlich angreifen? Das wird überwiegend verneint. Auch indirekter ziviler Ungehorsam ist demnach möglich, auch wenn man hier treffender von einer Spezies der gewaltlosen direkten Aktion sprechen könnte. Das würde für die meisten Sitzblockaden, etwa der »Letzten Generation«, gelten. Allerdings ändert diese Frage der treffenden Benennung wenig an der Legitimität der Aktionen. Man kann sich nämlich fragen, gegen welche Rechtsnorm sich Proteste richten sollten, wenn es um ein Unterlassen der Gesetzgeber:innen geht, oder die Verletzungen systemisches Ausmaß haben, was in der Ökokrise der Fall ist. Wo sollte man das Unrecht genau lokalisieren? Bleibt noch genug Zeit, oder ist das Unrecht bereits unerträglich, so dass schnell größtmögliche Aufmerksamkeit durch breitenwirksame Störungen erheischt werden muss? Und weiter: Warum sollte man Gerichtsprozesse nicht als Bühne nutzen? Muss jede Person heroisch die Androhung oder Anordnung harter Strafen ertragen, selbst wenn sie keine physische Gewalt anwendet und sich am Gemeinwohl orientiert? Das sind wesentlich politische Fragen, die sich nur mit Bezug auf konkrete Gelegenheitsstrukturen[202] beantworten lassen.

Juristisch betrachtet gibt es keinen zivilen Ungehorsam. Das ist auch kein Schaden, denn die in Rede stehenden Konstellationen werden als Fälle der Meinungs- und Versammlungsfreiheit erfasst. So wird das Whistleblowing-Problem zu einem der Meinungsfreiheit im Dienst- und Arbeitsverhältnis; Besetzungen und Blockaden können als Versammlungen gerechtfertigte Verwirklichungen von Straftatbeständen wie dem Hausfriedensbruch und der Nötigung sein. Kriterien für derartige vermeintlich ungehorsame Formen des Sich-Widersetzens sind diejenigen, die allgemein gelten entsprechend den oben skizzierten Legitimitätsvoraussetzungen von Protestmengen in der Demokratie.

Die meisten Spielarten des Klimaprotests der jüngeren Zeit erweisen sich als verfassungslegitim und sollten von der gesetzesanwendenden Praxis entsprechend behandelt werden. In nahezu idealtypischer Form wird in diesem zivilen Ungehorsam

Verfassungsschutz von unten betrieben, insofern die Regierung in einer Situation höchster Zeitnot ihre eigene Klimagesetzgebung missachtet, die vom Bundesverfassungsgericht 2021 in seinem Urteil mit Verfassungsrang versehen wurde.

Freilich bleibt das Problem bestehen, dass hier eine machtlose Avantgarde überwiegend ebenso machtlose, wenngleich womöglich trägere Dritte belastet. Stören darf und soll Protest zwar generell – er soll ja potentiell etwas bewirken, dürfte also machtvoll sein. Die deutsche Verfassungsrechtsprechung hat recht nuancierte Maßstäbe zumindest für Fälle der Sitzblockaden entwickelt und könnte diese auch auf andere Konstellationen von Besetzung übertragen. Im Strafrecht sind Rechtfertigungslösungen möglich. Das Versammlungs- und Polizeirecht wiederum wären entsprechend der entwickelten Kriterien streng verfassungskonform auszulegen und anzuwenden. So könnten Polizei und Justiz beispielhaft der demokratiekonstitutiven Bedeutung des Sich-Widersetzens der Protestative gerecht werden.

NEU-VERFASSEN

Die französische Demokratie hat Wolf Lepenies als »revolutionssüchtig« charakterisiert.[203] Der Befund lässt sich verallgemeinern, sobald man auf die Demokratie als Idee abhebt. Zwar mag in Frankreich diese Idee auch realpolitisch weiterhin besonders lebendig sein. Aber schließlich lebt jede Demokratie vom nötigenfalls resoluten Widerstand ihrer Bürgerschaft als Protestative, da sie neben einer Regierungs- auch Lebensform sein muss, um fortbestehen zu können. Nur darin – in einer Wendung hin zu noch mehr Demokratie – kann der Gehalt jeder heutigen Revolution liegen.

In Demokratien hat sich die Revolution in das Aufbegehren der Lebensform gegen die Regierungsform verwandelt. Von Systemsturz kann daher keine Rede sein, wenn irgendwer in europäischen Staaten heute die Revolutionsidee beschwört. Revolten sind hingegen, wie oben ausführlich dargelegt, ein klassischer Ausdruck des Sich-Widersetzens innerhalb einer fortbestehenden Regierungsform. Zugleich können Revolten theoretisch und praktisch durchaus in Revolutionen übergehen oder von Anfang an revolutionären Charakter oder zumindest Anteile davon haben.

Kontingent ist dabei abermals die Gewaltfrage. Nicht nur sind Revolutionen ohne physische Gewaltanwendung vorstellbar, selbst in einem massiven Übergang von einer Diktatur zu einer Demokratie wie 1989 in der DDR. Vor allem aber kann sich die Lebensform gegen die Regierungsform Demokratie niemals gewaltsam erheben, weil es sonst zu einem unerträglichen Selbstwiderspruch der gelebten Demokratie mit sich selbst käme.

Dabei geht es einerseits um kulturliberale Zivilitätsfortschritte, namentlich die Entwöhnung von physischer Gewalt. Andererseits will aber die Lebensform Demokratie gerade die menschenrechtlichen Ansprüche des Systems besser verwirklichen und keinesfalls hinter die jeweiligen Regierungen zurückfallen. Anders als das konkrete Widersprechen und Sich-Widersetzen ist das revolutionäre, also umfassende Neu-Verfassen jederzeit untrennbar mit der Gleichfreiheitsidee der Demokratie verwoben. Ein anderes Ziel kann eine Revolution niemals verfolgen, ohne ihrem Begriff untreu zu werden. Wir haben es nicht mehr mit Instanzen des *subjektiven*, individualitätsheischenden, oder *objektiven*, demokratie-instituierenden, sondern mit der Apotheose des *absoluten* Geistes der Demokratie zu tun. Dieser absolute Geist der ritualisierten, sich zu sich selbst befreienden Kollektivität, in der die Einzelnen schon beim Sich-Widersetzen schrittweise transparent und änderungsbereit werden können, kann sich bis zur Revolution steigern, weil in ihr die Institutionen der Regierung an ihrer unzulänglichen Verwirklichung des Geistes der Demokratie zu Bruch gehen.

Chiles abgebrochener Aufbruch

Ein unvollendetes Beispiel derartiger Steigerung absoluter Kollektivität bilden die Entwicklungen in Chile ab 2011, dem globalen Jahr des Protests nach der epochalen weltweiten Finanzkrise ab 2007. Chile ist deshalb von großer Bedeutung für eine Theorie des Rechts auf Protest, weil dieses kleine Land als Labor praktisch gewordener radikaler Ideen von links wie von rechts seit vielen Jahrzehnten einen überproportional hohen Einfluss auf politische Entwicklungen weltweit ausübt.

Den bereits massiven Studierenden- und Gewerkschaftsrevolten folgten in Chile 2019/20 noch breitenwirksamere Massenproteste. Den Funken der nun protorevolutionären Entflammung des Landes bildete eine geringe Erhöhung der Nahverkehrspreise. Diese war indes nicht mehr als ein Symbol für die sich zuspitzende soziale Ungleichheit im Mutterland neokonservativer Wirtschaftspolitik, das seit dem demokratisch-revolutionären Aufbruch unter

Salvador Allende tief gespalten ist. Besonders stach an dieser Protestwelle hervor, dass sie 2020 einen neuen verfassunggebenden Prozess erzwang.

Wieweit sich in diesem letztlich durch ein verlorenes Referendum abgebrochenen Verfassungsprozess die konstituierende Macht oder verfassungsgebende Gewalt des Volkes verwirklichte, bildet den Gegenstand aufschlussreicher akademischer Debatten.[204] Im Kern drehen sie sich um die Frage, ob auch in Demokratien Momente rein politischer Machtausübung des Volkes existieren, in denen Institutionen neue Träger bekommen und Normen vollständig hinter Fakten zurücktreten. Darüber hinaus diskutieren sie, ob weiter gültige Verfassungen verhindern können, dass neu eingesetzte verfassunggebende Organe ihre Funktionen überschreiten und despotisch werden, wie es historisch oft der Fall gewesen ist (mit dem aus dem verfassunggebenden Nationalkonvent von 1792 hervorgegangenen, den Schrecken absoluter Freiheit verbreitenden Wohlfahrtsausschuss der Jakobiner als Prototyp). Eine Art modernes Vorbild gibt hier der verfassunggebende Prozess in Südafrika nach der Apartheid, dessen Verfassungsentwurf einer Zertifizierung durch das neu gegründete Verfassungsgericht bedurfte. So stellte man sicher, dass elementare Prinzipien der menschenrechtlichen Demokratie eingehalten wurden.

In Chile stand aufgrund der anderen Ausgangslage der Gedanke der einfachen demokratischen Mehrheitsentscheidung im Verfassungsprozess viel stärker im Vordergrund. Zugleich erwies sich dieses Verfassungsvolk in seinen aufeinanderfolgenden Richtungsentscheidungen als äußerst wankelmütig. Von einer anhaltenden revolutionären Mobilisierung konnte 2022 nicht mehr die Rede sein; das Referendum am 4. September ging für die verfassunggebenden Revolutionär:innen verloren. Alte Spaltungslinien traten wieder hervor. Anders als Südafrika nach 1994 war das Land nicht stabil asymmetrisch zweigeteilt, sondern eine volatile Wahldemokratie. Daher kam die elektorale, kurzfristigere Logik – inklusive ihrer Institution Parlament – der konstitutionellen, langfristigen gleichsam in die Quere. Das künftige Schicksal der demokratischen Verfassung Chiles erscheint nach einer zweiten, konservativ ausgerichteten und ebenfalls am Referendum gescheiterten Konstituante völlig offen; ein beherzter Bruch mit Chiles autoritär-privatisierender Verfassung hin zu mehr sozialen Rechten ist vorerst unwahrscheinlich.

So bleibt es beim Erfahrungssatz, dass der Übergang von der Revolte zur Revolution unbestimmt ist. Zunächst schien es zwar, dass diese Schwelle in Chile gerade mit den Vereinbarungen über einen neuen verfassunggebenden Prozess überschritten wurde, denn hier konvergierten wie im anschließenden beteiligungsstarken Referendum Regierungs- und Lebensform Demokratie. Ex post muss die Bewertung anders ausfallen; die Revolution scheint im vorbereitenden Prozess steckengeblieben zu sein, beziehungsweise stellt sich im Rückblick als Revolte dar.

Revolution zwischen konkreter und abstrakter Negation

Vielleicht liegt gerade in dieser Unbestimmtheit aber die Chance, die Revolution in den selbstverständlichen Begriffsschatz der Demokratie zurückzuholen. Wenn erstens Revolutionen anders als Revolten sich nie gegen die Demokratie wenden, sondern diese nur verstärken wollen, und zweitens Revolutionen in Demokratien keine Systemumstürze, sondern nur Verbesserungen der Regierungsform sind, kann der revolutionäre Gehalt von Ansätzen des Neu-Verfassens nicht an der großen Furcht vor der Verschwörung scheitern, sondern nur an der konkreten Haltung zum demokratischen System. Die abstrakte Negation dieses Systems macht heute keine Revolution mehr aus. Die verfassunggebende Erinnerung der Regierungs- an die Lebensform Demokratie ist als konkrete Negation zu begreifen, genau wie demokratisches Widersprechen und Sich-Widersetzen. Von roher Macht ist dann so wenig zu sehen wie von reinen Ideen. Die *potentia multitudinis* ist immer die materielle Grundlage der verfassten Demokratie, aber zugleich an den Geist der Verfassung gebunden, bis in die verfassunggebende Revolution hinein, die wie jede bedeutungsvolle demokratische

Entscheidung sowohl Geistes- als auch Machtverhältnisse neu ordnet. Die Revolution ist nie der Ort der reinen Macht; sie ist auch der Höhepunkt der Selbstreflexion des absoluten Geistes.

Über den demokratisch wieder angeeigneten Revolutionsbegriff wird es erst möglich, eine positive Idee des Verfassungsschutzes zu entwickeln, wie er streitbare Demokratien – und das sind bis zu einem gewissen Grad alle – auszeichnen sollte. Er erschließt, warum im Hinblick auf das Neu-Verfassen eine Differenzierung verschiedener Arten derart gesteigerten Protestes nötig ist. Im gedanklichen Fluchtpunkt der Revolution scheidet sich der abstrakt- vom konkret-negatorischen Protest in gleißender Klarheit: nicht Utopismus oder radikale Regierungsopposition ist das Problem, sondern allein die Ablehnung des gesamten Komplexes von demokratischer Regierungs- und Lebensform.

Freiheitliche demokratische Grundordnung

Ein aufgeklärter Begriff der freiheitlichen demokratischen Grundordnung reflektiert genau diesen anspruchsvollen Kern demokratischer Verfassungsordnungen. Überraschenderweise bekommt auf der dritten Stufe auch endlich der Gewaltbegriff einen angemessenen Ort in der Systematik der wilden Demokratie.

Wenn es in der Regel die *potentia multitudinis* samt ihren protestativen Ableitungen ist, die allein die Verfassung zu schützen berufen ist, so kann in Ausnahmefällen auch ein komplementärer Verfassungsschutz von oben geboten sein.[205] Diese Ausnahme bezeichnet das Feld der politischen Gewalt. Dabei ist dieser Gewaltbegriff insofern reflexiv, als er auf das je errungene, aber Schwankungen ausgesetzte Zivilitätsniveau liberaler Gesellschaften abstellt.

Der Verfassungsschutz sollte nur um die Verteidigung emanzipatorischer, also gleichfreiheitlicher Fernziele kreisen.[206] Doch in welchen Fällen sollte der Verfassungsschutz von oben überhaupt einspringen? Das deutsche Recht versucht eine Antwort mit dem Begriff der verfassungsfeindlichen »Bestrebungen« zu geben. Andere Rechtsordnungen haben für ihre politischen Polizeien oder

Inlandsgeheimdienste noch undeutlichere Rechtsgrundlagen. In den USA wurden die (lückenhaften) Guidelines des Justizministeriums für das FBI, das gesetzlich nicht eigens reguliert ist, nach vielen Skandalen erst ab 1976 entwickelt; in Frankreich gibt es noch weniger Normierung, Öffentlichkeitsarbeit und Rechenschaftspflichten der Inlandsgeheimdienste.

Der Verfassungsschutz von oben sollte sich – wie zu zeigen ist – auch in Deutschland teils auf Basis des geltenden Rechts, teils aufgrund von Wertungen eines erst noch an die Verfassung anzupassenden Rechts (*de lege ferenda*) nur um solche politischen »Bestrebungen« kümmern, die einen physischen oder psychischen Gewaltbezug aufweisen. Mein Vorschlag lautet, eine solche Neubestimmung des Rechtsbegriffs der »Bestrebungen« gegen die freiheitliche demokratische Grundordnung vor dem Hintergrund dreier Modelle des Verfassungsschutzes theoretisch einzuordnen, die als etatistisch, liberal und republikanisch zu bezeichnen sind. Ein Blick in die Rechtsgeschichte und aktuelle Rechtsprechung beweist, dass alle diese Verständnisse eine Stütze im deutschen Verfassungsschutzrecht finden.

Auf einer Karikatur etwa aus dem Jahr 1879 erwidert die im deutschen Kaiserreich unter Bismarck mit Verfolgungsmaßnahmen schwer bepackte Sozialdemokratie einem Vertreter des Establishments, dass ihre Last sie nur größer und stärker gemacht habe. So ist es in der Tat gekommen: Das Gesetz gegen die gemeingefährlichen Bestrebungen der Sozialdemokratie, von 1878 bis 1890 in Kraft, war aus Sicht des Staates ein Fehlschlag, als es das Wachstum der sozialistischen Bewegung nicht behinderte. Andererseits beförderte es aber die programmatische Orientierung in Richtung eines radikalen Reformismus, wie er für die Sozialdemokratie des späten Kaiserreichs kennzeichnend wurde. Dessen wichtigste Etappe war das Erfurter Programm – beschlossen im dortigen Kaisersaal in der Futterstraße –, das zwar theoretisch, aber nicht praktisch an Marx orientiert war und zum Revolutionsziel auf Abstand ging. Eine ambivalente Integrationsleistung kann man diesem frühen, auf brachiale Verfolgung gepolten Verfassungsschutzgesetz, ein Schutzgesetz für den monarchischen Staat, daher nicht abstreiten.

Der Begriff »Bestrebungen« taucht im Sozialistengesetz prominent im Titel auf, während die Karlsbader Beschlüsse als wichtige Vorläufer 1819 noch von »revolutionären Umtrieben und demagogischen Verbindungen«[207] (Untersuchungsgesetz) gesprochen hatten.

Die zweite Etappe des Schutzes gegen staatsfeindliche »Bestrebungen« war das Republikschutzgesetz Weimars von 1922, das den Begriff abermals aufnahm, ihn allerdings in den Kontext einer Verfolgung von Straftaten insbesondere gegen Politiker:innen stellte. In diesem keineswegs so wirkungslosen Gesetz, wie man später meinte, wie Christoph Gusy gezeigt hat,[208] beziehen sich die »Bestrebungen« auf Taten von politischer Beleidigung bis zum Mord. Die Umsetzung des zweiten Republikschutzgesetzes von 1930, das sich weiterhin mit verfassungsfeindlichen »Bestrebungen« befasste, litt dann unter einer politisch einseitigen Justiz und dem Reich-Länder-Dauerstreit. Außerdem spielten wie in der Frühphase der Republik präsidiale, höchst selektive Verordnungen eine größere Rolle.

Der NS-Staatsschutz stützte sich auf die maßnahmenstaatliche Fusion von Polizei und Geheimdienst in der Gestapo. Die DDR wiederum gründete die politische Verfolgung Oppositioneller, auch durch die Stasi, auf der in der Verfassung erwähnten, völlig unbestimmten »Boykotthetze«-Vorschrift.

In der Bundesrepublik wiederum finden sich die aus Kaiserreich und Weimar bekannten »Bestrebungen« in GG-Artikel 73 und 87 erwähnt, allerdings nicht näher definiert und auch nicht im direkten Zusammenhang mit dem neuen Schutzgut der freiheitlichen demokratischen Grundordnung (fdGo). Das Verfassungsschutzgesetz des Bundes sieht in der Aufgabennorm des § 3 I Nr. 1 vor, dass Bestrebungen gegen die Grundordnung vom Verfassungsschutz zu beobachten sind. Die Grundordnung wäre als institutionelle Praxisform von leitenden Ideen der Verfassung zu charakterisieren. Eine nähere Legaldefinition der Bestrebungen enthält § 4 I 1 lit. c. Die Formulierung »solche politisch bestimmten, ziel- und zweckgerichteten Verhaltensweisen in einem oder für einen Personenzusammenschluß, der darauf gerichtet ist, einen der in Absatz 2 genannten Verfassungsgrundsätze zu beseitigen oder außer Geltung zu setzen« taugt allerdings nur bedingt als Definition, die den Tatbestand eindeutig begrenzen könnte. Dieser erste Eindruck verfestigt sich durch einen Blick in die einschlägige Kommentar- und Handbuchliteratur, deren durchgängiger Stil des »nicht nur, sondern auch« direkt ins Auge springt. Die Rechtsprechung ist uneinheitlich, aber neigt in der Gesamtschau ebenfalls zu einer faktisch entgrenzenden Auslegung.

Im Folgenden möchte ich einen Impuls für eine schärfere Konturierung der »Bestrebungen« geben. Das Ziel ist, die bisherige Beliebigkeit der Beobachtung einerseits unbedeutender, harmloser politischer Splittergruppen oder gar Zeitschriften, andererseits tatsächlich gefährlicher terroristischer Milieus zugunsten eines konsistenten Konzepts der Beobachtungsobjekte zu überwinden. Die bisherige Auseinandersetzung konzentrierte sich bisher fast nicht auf diesen Tatbestand der Bestrebungen, sondern nahezu ausschließlich auf die freiheitlich demokratische Grundordnung, und erreichte in der Zeit des sogenannten Radikalenbeschlusses in den 1970er Jahren, der »Extremist:innen« aus dem öffentlichen Dienst fernhalten sollte, eine beträchtliche Schärfe.[209]

Eher stiefmütterlich werden seit jeher die »Bestrebungen« behandelt, bis heute herrscht hier große Ratlosigkeit; wohingegen sich das Bundesverfassungsgericht des logisch herausfordernden Problems einer Grundordnung, die aus Prinzipien besteht, zuletzt 2017 in der NPD-Verbotsentscheidung umfassend angenommen hat. Im Ergebnis hat das Bundesverfassungsgericht das Problem durch inhaltliche Ausdünnung der fdGo entschärft, indem es die »Superlegalität« des Grundgesetzes auf seine Kernelemente der Menschenwürde, einer formal variabel ausgestaltbaren Demokratie und einen individualschützenden, gewaltenbegrenzenden Rechtsstaat zurückgeführt hat. Damit ist das Vagheitsproblem der fdGo konsistent bewältigt. Es fehlt allerdings noch, dass sich die Gesetzgeber:innen – durch eine sinnvolle, klarstellende Reform des § 4 II BVerfSchG und der Parallelnormen – und die Verwaltungsgerichte anschließen.

Was die »Bestrebungen« angeht, steht eine Klärung, wie dargelegt, hingegen noch aus. Ansätze zur Konturierung lassen sich indes in der jüngeren Rechtsprechung, gerade des Bundesverfassungsgerichts, wie auch in manchen Gesetzesformulierungen erkennen. Sie verdienen es, konsequent weitergedacht zu werden.

Einen interessanten Anhaltspunkt bietet eine etwas versteckte Formulierung aus dem Urteil des Bundesverfassungsgerichts zur Beobachtung des seinerzeitigen Abgeordneten Bodo Ramelow von 2013.[210] Dort heißt es in Bezug auf die beobachtungsrelevanten Verhaltensweisen von Abgeordneten: »Ein Überwiegen des Interesses am Schutz der freiheitlichen demokratischen Grundordnung kommt insbesondere dann in Betracht, wenn Anhaltspunkte dafür bestehen, dass der Abgeordnete sein Mandat zum Kampf gegen die freiheitliche demokratische Grundordnung missbraucht oder diese aktiv und aggressiv bekämpft.« (Rn. 121) Die zweite Option ist nicht mandats- und damit nicht abgeordnetenspezifisch. Unterstellt man die prinzipielle Gleichrangigkeit von freiem Mandat und anderen, universalen Grundrechten der Verfassung, wie es der Rechtsprechung entspricht, kann man hier einen Hinweis auf die Deutung der »Bestrebung« als aggressiv-kämpferische Verhaltensweise erkennen. Eine Privilegierung von Abgeordneten gegenüber anderen Staatsbürger:innen ist keineswegs zwingend. Der Gewaltbezug (aggressiver Kampf) lässt sich vielmehr auf die Citoyens insgesamt erstrecken.

Untermauern lässt sich eine solche Tendenz freilich weniger durch das Urteil des Bundesverfassungsgerichts zum bayerischen Verfassungsschutzgesetz.[211] Durchaus überzogen sprachen manche von einer »Magna Charta des Nachrichtendienstrechts«.[212] Richtig ist, dass sich das Bundesverfassungsgericht umfassend an die bisher fehlende Systematik der grundrechtlich gebotenen Eingriffsschwellen für das Landesamt für Verfassungsschutz herangewagt hat. Dass das Bundesverfassungsgericht nach Eingriffsintensität gestaffelte Mindestschwellen vorschreibt – und leichte Grundrechtseingriffe wie die Sammlung öffentlicher personenbezogener Informationen aufgrund der »Bestrebungen« zwar billigt, ansonsten aber einen »verfassungsspezifischen Aufklärungsbedarf« oder gar eine drohende Gefahr als Eingriffsvoraussetzung fordert –, zeigt an, dass das Gericht einen zumindest quantitativ rekordverdächtigen grundrechtlichen Überarbeitungsbedarf gesehen hat. »Bestrebungen« seien mehr als bloße Gesinnungen, bestätigt das Gericht, eine personale Verhaltensprognose sei hingegen vonnöten.

Solche personalen Prognosen sind von der problematischen Figur des terroristischen Gefährders bekannt. Es wäre entsprechend zu folgern, und zwar gerade für verfassungsschutzrelevante Personenzusammenschlüsse: Solche Wahrscheinlichkeitsurteile müssen sich auf Besonderheiten des jeweiligen Verhaltens stützen, nicht primär auf persönliche Eigenschaften, soziale Bindungen oder gar kategoriale Zuordnungen zu bestimmten Personengruppen. Bedeutsam sind zudem ein nicht in die unüberschaubare Zukunft verlegter Gefährdungszeitpunkt und eine objektive Gesamtwürdigung aller Umstände. Ähnliche Grundsätze müssten angesichts der besonderen Grundrechts- und Demokratierelevanz politischer Verhaltensweisen auch für die noch stärker ins Vorfeld von bilanzierbaren Schäden für die Grundordnung verlegten Beobachtungen von »Bestrebungen« gelten.

Das Bundesverfassungsgericht bleibt in dieser trotz grundsätzlicher Trennung von Beobachtungs- und operativen Aktionsmaßnahmen konvergierenden Sicherheitsarchitektur von Polizei und Verfassungsschutz inkonsequent gradualistisch. Es konstatiert zwar die besondere Beobachtungsbedürftigkeit gewaltgeneigter »Bestrebungen«, aber zählt eben auch legalistische oder pazifistische Verhaltensweisen zumindest verfassungsrechtlich als diffuse »Bestrebungen«. Die gelegte Spur aus der Ramelow-Entscheidung wird so erst einmal wieder verwischt. Die besondere, schlechthin konstituierende Bedeutung der politischen Grundrechtsausübung für die Demokratie gerät aus dem Blick, wenn wenigstens potentielle Schäden für die Grundordnung gar nicht absehbar sein müssen, um Überwachungsmaßnahmen mit der ihnen inhärenten Stigmatisierungswirkung und Verzerrung des politischen Diskurses (vor allem qua Abschreckungswirkung) zu rechtfertigen.

»Nach einer Recherche des Bayerischen Rundfunks haben zahlreiche Funktionäre der Klägerin des bayerischen Landesverbands in einer internen Chat-Gruppe die Bundesrepublik Deutschland als totalitäres System verunglimpft und Umsturzfantasien und Aufrufe zur Gewaltanwendung geäußert. Zu den Administratoren der Gruppe zählten der Landesvorsitzende Protschka, der auch dem Bundesvorstand der Klägerin angehört, sowie der Bundestagsabgeordnete Huber (Bl. 253ff. GA).« Die hier zitierte Entscheidung des Verwaltungsgerichts Köln zur Einstufung der AfD als Verdachtsfall einer »Bestrebung«, deren Bestätigung durch das Oberverwaltungsgericht Münster 2023 vorläufig erfolgt ist, weist indirekt einen Ausweg.[213] Denn dort führt das Gericht Belege für eine Verfassungsfeindlichkeit der Partei an, die auf die Argumentation des NPD-Urteils zurückgreifen, wonach ein ethnischer Volksbegriff der Menschenwürde widerspricht. Die aufgezählten Verhaltensweisen sind teils legal, insbesondere wenn es um programmatische Äußerungen geht, teils werden aber auch illegale oder jedenfalls gewaltbezogene Handlungen angedeutet. Das erscheint ein erfolgversprechender und plausibel begründeter Weg zur Verdachtseinstufung zu sein. Statt auf kontroverse und gewiss für die meisten empörende Meinungsbeiträge wäre dann auf strafrechtlich relevanten Rassismus abzustellen, wie er nicht nur im Volksverhetzungs- und Beleidigungstatbestand, sondern auch im EU-Rahmenbeschluss 2008/913/JI thematisiert wird. Hinreichend viele solcher psychisch gewaltsamen Äußerungsdelikte, aber auch die schon bei der NPD relevanten physischen Aggressionen dürften sich finden lassen, wobei die Prüffallphase sich auf Anhaltspunkte jeder Art für physische und psychische Gewalt zu richten hätte. Gegebenenfalls würde sich erweisen, dass der Beschluss »Für eine Zäsur in der deutschen Sicherheitsarchitektur« der Grünen-Bundestagsfraktion von 2012 sicherheitspraktisch nicht auf dem Holzweg war. Dieser Vorschlag wollte angesichts der NSU-Verbrechen die Beobachtungstätigkeiten zwischen polizeinahen, gewaltbezogenen Überwachungen und rein akademischen Materialsammlungen zur Demokratieförderung aufspalten.

Landesgesetze weisen teils in die hier vorgeschlagene Richtung. So heißt es in Mecklenburg-Vorpommern in § 6 II MVVerfSchG: »Eine Bestrebung im Sinne des Gesetzes ist insbesondere dann gegeben, wenn sie auf Gewaltanwendung gerichtet ist oder sonst ein kämpferisches und aggressives Verhalten gegenüber den (in Absatz 3 genannten) Grundsätzen (der fdGo) erkennen lässt.« Zwar relativiert das Adverb »insbesondere« das Gewaltkriterium wieder. Doch lässt sich hier zumindest das Ansinnen herauslesen, sich bei den Bestrebungen am Leitbild des Gewaltbezugs zu orientieren. Einfach klarzustellen wäre eine alleinige Ausrichtung sogenannter »Bestrebungen« auf jegliche Gewaltform.

Drei Modelle des Verfassungsschutzes

Streitbar demokratisch sind die drei nun vorgestellten Modelle der Beobachtungspraxis des Verfassungsschutzes sämtlich. Sie akzentuieren allerdings die Rolle von Mitbürger:innen, politischen und zivilgesellschaftlichen Gruppen, Nachrichtendiensten und Polizei bei der Verteidigung der Grundordnung – Menschenwürde, Demokratie und Rechtsstaat – jeweils etwas anders. Daraus folgen verschieden enge oder weite Auslegungen des Bestrebungsbegriffs.

Das erste Interpretationsmodell ist das etatistische oder auch hobbesianische Modell. Es geht auf die Furcht vor den Leidenschaften der Masse zurück, wie sie sich in der ersten Phase des modernen Staatsschutzes ungebrochen Ausdruck verschaffte, etwa im Sozialistengesetz. Dieses Modell war, wie dargestellt, repressiv und eher erfolglos. Es lebt allerdings im Bestrebungsbegriff insoweit fort, als darin jenseits bloß innerer Gesinnung bereits fundamentalkritische bürgerschaftliche Meinungsäußerungen staatlicherseits unter Verdacht gestellt sind. Hier kristallisiert sich ein Vorurteil gegenüber politischer Selbstorganisation von unten, das sich auch in der unterstellten besonderen Gefährlichkeit kollektiver Aktionen niederschlägt. Der Staat erscheint als transzendente Anstalt, restbeständig »sterblicher Gott«, wie der Hobbes'sche Leviathan.

Das zweite Modell stellt sich dem ersten radikal entgegen, teilt aber ironischerweise manche seiner typisch neuzeitlichen Prämissen. Hans Kelsen forderte, der Staat, ebenfalls als Herrschaftsverband verstanden, müsse sich auf den Schutz der Demokratie vor physischer Gewaltausübung beschränken. Das sei der Preis der Freiheit. Dieser Gedanke lebte bei Jurist:innen wie Ralf Dreier oder Horst Meier fort, auch andere dachten in diese liberale Richtung. Ein trennschärferes Kriterium stehe dem Staat nicht zur Verfügung, und nur so könne er seinen Gesellschaftsvertrag erfüllen, der bedauerlicherweise – aber verfassungsrechtlich zulässig nur durch die Bürger:innen-Mehrheit selbst – aufkündbar sei.

Als eine Variante der liberalen Modellierung der Bestrebungen mag ein republikanisches Konzept gelten, das sich auf den konsequent innerweltlich gedachten Staat als Gemeinwesen seiner Bürger:innen stützt. Hier ist der Staat der institutionelle Ausdruck des jeweils vorhandenen Willens einer öffentlich kooperierenden Bürgerschaft. Jegliche Macht begründet sich nach Hannah Arendt – hier nahe beim oben thematisierten Machtbegriff Spinozas – gleichsam horizontal durch gemeinsames Handeln. Das Anathema dieser politischen Macht, die sich punktuell in wandelbaren herrschaftlichen Institutionen verfestigen kann, ist die Gewalt. Denn Gewalt – verstanden als gezielte Verletzung der körperlichen und psychischen Integrität – zerstört die Grundlagen des gemeinschaftlichen Zusammenlebens. Wenn sie zudem politisch agiert, indem sie Bürger:innen offensiv körperlich oder seelisch herabwürdigt, um ihre Fähigkeit zur Kooperation und zur gemeinsamen Machtausübung anzugreifen, haben wir es nicht nur mit einem Zivilisationsproblem, sondern mit einer Untergrabung der Grundlagen der Demokratie zu tun. Hier liegt der Ansatzpunkt für ein Neuverständnis der »Bestrebungen« als aggressiv-kämpferisches Verhalten, ob von Einzelnen oder von Kollektiven – und zwar gerade in halböffentlichen Räumen wie digitalsozialen Netzwerken, die insoweit potentiell konspirativ sind, wie sie das von Arendt so geschätzte Licht der Öffentlichkeit scheuen.

Im Gewaltbegriff liegen viele spezifische Ambivalenzen.[214] Solcherart Ambivalenzen entledigt man sich aber nicht, indem man legitim und gut begründet eine der allesamt grundgesetzkonformen Varianten der streitbaren Demokratie verficht – etatistisch nach Hobbes, liberal nach Kelsen oder republikanisch nach Arendt. Durchdenkt man den dritten Ansatz, wird man etwa die

Frage beantworten müssen, wer über die bestrebungsrelevanten Gewaltbezüge befindet: Sollte der Nachrichtendienst sich stärker auf staatsanwaltschaftliche oder gerichtliche Erkenntnisse stützen? Ebenso wie bei der Konturierung des Gewaltbegriffs entstehen hier neue Probleme.

Revolution nach der demokratischen Revolution?

In der Revolution endet jede liberale Neutralität. Das gilt selbst noch in der demokratischen Gesellschaft, in der der Mythos Revolution ein in den wilden politischen Prozess verlegter imaginärer Fluchtpunkt bleibt. Von einem Verblassen der Revolution kann man dabei in zweifacher Hinsicht sprechen: Historisch wird klassisches revolutionäres Denken nicht mehr ernst genommen und im ökologischen Notstand durch Begriffe wie Transformation ersetzt, die (gegebenenfalls radikal-)reformerischen Strategien folgen. Zugleich beobachten wir ein Auftreten des Revolutionswortes in regressiven, nostalgischen, herrschaftsaffirmierenden Strömungen wie den radikalen Rechten oder in zentristisch-liberalen Bewegungen als Plastikwort (Macronismus).

Aber auch systematisch verliert die Revolution an Bedeutung, weil die Demokratie das »aufgelöste Rätsel aller Verfassungen«[215] sein dürfte. Verschiedene Strategien der Entmythologisierung lassen sich erkennen, zuerst wie erwähnt in der Angleichung der Revolution an die Reform (von oben).[216] Die zweite Strategie liegt in der Betonung der Kontinuitäten selbst bei einer Verfassungsablösung,[217] aber auch in der ähnlich gearteten feministischen, antirassistischen und postkolonialen Entzauberung der Revolution. Drittens kommt eine Flucht in die Nische in Betracht, auch wenn eigentlich die Absicht besteht, in die gesellschaftliche Breite zu wirken.[218]

Alle Strategien rufen keine erheblichen Widerstände seitens der Herrschaftsinstitutionen hervor. Die Integrationsstrategie scheint geglückt. Aber Entmythologisierung ist mehr als Integration. Sie ermöglicht auch (neue) immanente Transzendenz, also einen unschädlichen Resttheologismus nach der sogenannten Politischen Theologie. Dieses theologische Gespenst regt in Demokratien weiter auf und an. Individuelle Selbstermächtigung regt kurzzeitig auf, bleibt aber als Rebellion unvollkommen – sie ändert das gesellschaftliche Bezugssystem nicht, bleibt subjektiv und in der Einforderung der Anerkennung stecken. »Dreh dich zu mir um, guck mich an!« erscheint als umgekehrte Anrufung eines »Bleib stehen!« durch die Staatsapparate.

Die Anerkennungsforderung bleibt Ausdruck des Herrschaftsmodus des Genießens, also einer nicht wirklich erreichten, sondern sozial scheinhaften Selbstverwirklichung,[219] sie transzendiert nicht, sondern bleibt rein immanent. Das affirmative Moment drückt sich in einer Neigung zur Moralisierung und teils repressivem Tonfall aus. Es handelt sich um eine unvollkommene, langfristig erfolglose, jedenfalls nicht-revolutionäre Strategie der Umkehrung der Herrschaftsverhältnisse. Anders wirkt erst ein beherztes: »Kommt zu mir, wir machen etwas gemeinsam anders!« – dies kann als Ruf an die Stelle des Anerkennungsrufs treten. Solch eine Politik neuer Beziehungsweisen nach Adamczak tritt an Stelle der alten Dialektik der Subjektivierung und löst die Politik der Menschenrechte – eine Zwischen-/Übergangsphase der Rebellionen (statt Revolution) – ab.

Weiterhin regen gesellschaftlich auf und beginnen zu dominieren: kollektive, aber dezidiert nicht religiöse Wahrheitsansprüche; oder wenn sich Menschen der Souveränität entziehen, etwa in Aktionsformen des Unterlassens und des Streiks. Das wirkt wie eine Aufkündigung des Gesellschaftsvertrags, unterbricht indes nur gewohnte Routinen. Aber es handelt sich weiterhin um Rebellion, wenn sie nicht kollektiv getragen ist und keinen neuen Vorschlag für weniger Gewalt verwirklicht (das heißt Beziehungsweisen der zunehmenden Gleichfreiheit instituiert).

Der Schritt zur neuen Institution, was über mehr Rechte ontologisch hinausgeht, ist notwendige Bedingung der Revolution. Sie erst verleiht Konkretion. Zugleich sind diese Schritte nur revolutionär, wenn sie gewaltreflexivere Institutionen hervorbringen. Das konstitutive Außen liberaler Gesellschaften, ihre verbleibende

Gewaltsamkeit und fehlende demokratische Kontrolle, müsste das Hauptthema möglicher Revolutionen sein. Dabei richten sich Prozesse des Neu-Verfassens auf eine konkrete Politik der »Zivilität« in neuen, gewaltärmeren Institutionen[220] – sie haben nicht »Gewaltlosigkeit« im Sinne eines ethischen Wahrsprechens zum Gegenstand.[221] Zugleich erschöpfen sie sich nicht in der Transformation, dem zeitgenössisch allgegenwärtigen, aber überabstrakten Vermeidungswort – diese kann sowohl als Zwischenräume besiedelnde, einsickernde Kaskade von Neuerungen oder auch als zentralisierte Planung demokratisch funktionieren. Auch die Revolution als imaginärer Fluchtpunkt lässt sich auf den Grad der Konkretion ihrer Negationswirkung befragen. Dieser Grad ist nicht direkt von einem materiell-quantitativen Wachstum abhängig,[222] so dass sich die jetzt noch denkbaren globalen Revolutionen zum besseren Weniger vielleicht sogar leichter ohne den Schrecken absoluter Freiheit verwirklichen könnten als die klassischen des Atlantiks – also ohne eliminatorische Phantasien als Kehrseite der Atomisierung der Gesellschaft.

SCHLUSS

Beschließen sollen die Untersuchung neun zusammenfassende Thesen:

1.
Das Recht möchte formal, aber muss deswegen nicht blind für materielle Kräfteverhältnisse sein. Das auf subjektiven Rechten beruhende Privatrecht ist bereits in vielen Teilen materialisiert, indem es sich etwa für die Gleichheit von Vertragspartner:innen interessiert. Die nicht nur subjektiven Grundrechte auf politische Freiheit – insbesondere Meinung, Versammlung, Vereinigung,[223] Kunst, Streik – sollten sich mehr als bisher der Bewirkungsmacht der Bürger:innen zuwenden.

2.
Denn diese Bürger:innen sind nicht nur Wähler:innen der instituierten Staatsgewalten, sondern auch deren protestierende Kontrolleur:innen. Sie bilden die Protestative, eine Gewalt des Staat-Gesellschaft-Gesamtpolitikums aus eigenem Recht.

3.
Die Protestative, das soziale Standbein der Demokratie, zeigt sich idealtypisch in Mengen auf der Straße und anderswo im reflexiven Raum der Öffentlichkeit, teils auch im kommentierenden Netz und im Vereinswesen. Demokratien benötigen neben der institutionellen die im Protest verkörperte wilde Seite. Das Niveau einer Demokratie, das heißt das in einem Gemeinwesen obwaltende Maß politischer Freiheit, bemisst sich daran, wie eine gelebte Verfassungs- und Rechtsordnung beide Formen des

Demokratischen – die Regierungs- und die Lebensform – ins Gleichgewicht bringt. Alles Wesentliche ereignet sich in funktionierenden Demokratien im Prozess der politischen Urteilsbildung statt in der Entscheidung als solcher. Daher ist die Bewirkungsmacht der Protestative als solche ernstzunehmen. Sie erschöpft sich weder in der Kommentierung von der Seitenlinie noch in der Vertretung bloß individueller Interessen oder Präferenzen.

4.

Die wilde Demokratie neben der institutionellen ernstzunehmen bedeutet, die instituierende Wirkung des Protests zu konstitutionalisieren, also in die Verfassung aufzunehmen. Das deutsche Bundesverfassungsgericht spricht zutreffend von politischen Versammlungen als Ausdruck einer »ursprünglich-ungebändigten, unmittelbaren Demokratie.« Rechtlich ergeben sich aus dieser grundlegenden Einsicht sehr deutliche Folgen für die Reichweite des Versammlungsgrundrechts, das als eine Gewährleistung des Sich-Widersetzens gerade für hinsichtlich ihrer gesellschaftlichen Machtposition schwächere Bürger:innen zu verstehen ist. Das gilt im besonderen Maße für die Jugend, die wenig Einfluss auf faktisch irreversible Entscheidungen von Akteur:innen einer schnell alternden Gesellschaft nehmen kann, welche sie existentiell betreffen. Das Recht auf Sich-Widersetzen heißt im Grundsatz, die Gesellschaft und ihre Institutionen stören zu dürfen.[224] Das Recht auf Protest heischt im Versammlungs- und im politischen wie kommunikationsrelevanten Strafrecht umfassende Beachtung, etwa als Recht auf bestimmte Blockaden oder Besetzungen oder als strafrechtlicher Rechtfertigungsgrund.

5.

Wesentliche Kriterien für die juristische Durchschlagskraft des Rechts auf Protest im Einzelfall bilden die Konkretion der Negation und die effektive Protestativmacht. Der Konkretionsgehalt der Negation lässt sich, mit Abstufungen, anhand der Form und des Inhalts von Nah- und Fernzielen des Protests erörtern. Für Machtanalysen kann das Recht die Sozialwissenschaften heranziehen.

6.
Die Bürger:innen müssen in einer Demokratie effektiv widersprechen, sich widersetzen und ihr Gemeinwesen neu verfassen können. Grundsätze der République oder der freiheitlichen demokratischen Grundordnung können äußerste Grenzen einer legitimen Neuorientierung festlegen. Dabei geht es aber nicht um die Verhinderung von Revolutionen, verstanden als instituierte Umverteilung von sozio-ökonomischen und politischen Machtpositionen, sondern um die Bewahrung des revolutionären Geistes der Demokratie selbst. Keine begriffstreue Revolution – ob permanent, passiv oder in aktiv verfassunggebenden Momenten – kann hinter eine gleichfreiheitlich begründete Demokratie zurückfallen, sondern wird stets nur deren Versprechen aktualisieren. Die republikanische Grundordnung schützt die moderne Temporalität selbst, also die Möglichkeit der Revolution.

7.
Streiks und Demonstrationen nähern sich infolge der begründeten Lizenz zur Störung aus verfassungsrechtlichen Gründen wieder stärker an. Auch die direkte Aktion als Oberbegriff erhält möglicherweise eine neue juristische Bedeutung. Wilde Streiks, Schüler:innenstreiks und politische Streiks unterscheiden sich prinzipiell nur wenig von auf Störung bedachten Demonstrationen.

8.
Parteien können instituierte politische Parteien sein, aber auch die generische Partei im Sinne der Parteinahme für seinesgleichen und andere.[225] Die demokratisch binnenstrukturierte Partei kann so zum möglichen Grundmodell der Transmission zwischen regierender und wilder Demokratie werden – gerade auch wenn sie selbst (noch) nicht instituiert, sondern ein loses Netzwerk von Bewegungen und Vereinen mit kollektiven Zielen ist.[226]

9.
Civic courage ist das schlechthinnige Ideal der Demokratie im Sinne des US-Richters Louis Brandeis: Nur wo Menschen sich

gemeinsam etwas trauen, werden sie auf Dauer in einer Demokratie leben.[227] Der geforderte Mut ist wörtlich zu verstehen. Er erwächst in der Regel aus horizontalem kollektivem Zusammenschluss und Vertrauensbildung. Demokratie ist daher eine Angelegenheit des subjektiven, des objektiven und des absoluten Geistes – von individuellem Recht, organisierender Institution und mobilisierender, solidarischer Gemeinde. Dieser dreifache Geist ist als politischer immer auch affektiv gegründet und materiell. Wenn alle drei Momente zusammenspielen, retten die Menschen ihre Demokratie selbst.

DANK

Ich danke Lena Luczak für ihr ebenso akribisches wie verständnisvolles Lektorat. Außerdem Christian Volk und seinem Team, Michael Riegner und Rodrigo Kaufmann, ohne die ich die Gedanken in diesem Buch nicht gefasst hätte. Wie immer: Ohne Dominique hätte ich es nicht schreiben können.

ANMERKUNGEN

1 Näher Christoph Möllers: *Die drei Gewalten,* Weilerswist 2008.
2 Vgl. die wichtige Kritik am »Jurispathischen« des antipluralistischen, schließenden Entscheidens in Robert M. Cover: ›Foreword: Nomos and narrative‹, in: *Harvard Law Review,* 1983, S. 4ff.
3 BVerfGE 7, 198 – Lüth (1958). Dieses Urteil ist gerade für unsere Zwecke zusammenzulesen mit BVerfGE 25, 256 – Blinkfüer (1969): »Die Ausübung wirtschaftlichen Druckes, der für den Betroffenen schwere Nachteile bewirkt und das Ziel verfolgt, die verfassungsrechtlich gewährleistete Verbreitung von Meinungen und Nachrichten zu verhindern, verletzt die Gleichheit der Chancen beim Prozeß der Meinungsbildung. Sie widerspricht auch dem Sinn und dem Wesen des Grundrechts der freien Meinungsäußerung, das den geistigen Kampf der Meinungen gewährleisten soll.« (S. 265) Der erste Satz ist genau richtig, der zweite dagegen irreführend.
4 BVerfGE 69, 315 – Brokdorf (1985).
5 Vgl. Georg Zenkert: *Die Konstitution der Macht,* Tübingen 2004.
6 Kolja Möller: *Volksaufstand und Katzenjammer,* Berlin 2020.
7 Christoph Möllers: *Demokratie – Zumutungen und Versprechen,* Berlin 2008.
8 Helmut Ridder: *Die soziale Ordnung des Grundgesetzes,* Opladen 1975.
9 Der Begriff der »wilden Demokratie« wird in der Regel Claude Lefort zugeschrieben, vgl. insb. Claude Lefort: ›La communication démocratique‹, in: *Esprit,* 9–10, 1979, S. 34. Näher zum Begriff Miguel Abensour: ›‚Démocratie sauvage' et ‚principe d´anarchie'‹, in: *Revue européenne des sciences sociales,* 97, 1993, S. 225ff.
10 Amitai Etzioni: *Demonstration democracy,* New York 1970 (verfügbar bei SSRN/Social Science Research Network).
11 Pierre Rosanvallon: *Die Gegen-Demokratie,* Hamburg 2017.
12 BVerfGE 7, 198 – Lüth (1958).
13 Die Spannbreite der Möglichkeiten wird beim Blick auf die Art und Weise, wie Strafgerichte mit zivilem Ungehorsam umgehen können, ebenso deutlich wie bei der Hinwendung zu hoch partizipativen Verwaltungsverfahren, wie sie teilweise im Umweltrecht etabliert sind. Vgl. mit vielen Beispielen Eugénie Duval: *Participation et démocratie représentative,* Paris 2022.
14 Tim Wihl: *Aufhebungsrechte,* Weilerswist 2019.
15 Ernst Bloch: *Naturrecht und menschliche Würde,* Frankfurt a. M. 1961.
16 Vgl. Klaus Heinrich: *Versuch über die Schwierigkeit, nein zu sagen,* Frankfurt a. M. 1982.
17 In der Gegenwart gibt es derartige Tendenzen, Äußerungen auf Machtfragen zu reduzieren. Zu erinnern ist an die früh von Adorno analysierte,

schrill überdrehte neofaschistische Rhetorik, die sich von jedem wahrheitsverpflichteten Geltungsanspruch zu lösen trachtet. Ihr steht eine politische Rede, die nur noch ethisch sein will, ohnmächtig gegenüber.

18 Nicola Gess: *Halbwahrheiten*, Berlin 2021.

19 Nils Kumkar: *Alternative Fakten*, Berlin 2022.

20 Gerade Tatsachen sind politisch umstritten; vgl. Hannah Arendt: ›Wahrheit und Politik‹, in: *Wahrheit und Lüge in der Politik*, München 2013.

21 Begrifflich hoch differenziert im kanonischen Vortrag Michel Foucaults ›The subject and power‹: dt. ›Subjekt und Macht‹, in: Michel Foucault: *Analytik der Macht*, Berlin 2013, S. 240 ff.

22 Vgl. das Combahee River Collective Statement; Kimberle Crenshaw: ›Demarginalizing the intersection of race and sex‹, in: *University of Chicago Legal Forum*, 1989 (1), S. 139 ff.; Cornelia Klinger: *Achsen der Ungleichheit*, Frankfurt a. M. 2007.

23 Baruch de Spinoza: *Politischer Traktat*, Hamburg 2010; Gunnar Hindrichs (Hg.): *Die Macht der Menge*, Heidelberg 2006; Katja Diefenbach: *Spekulativer Materialismus*, Wien 2018.

24 Sabine Müller-Mall: *Verfassende Urteile*, Berlin 2023.

25 Zu Theodor W. Adornos Wahrheitsbegriff vgl. Tilo Wesche: *Adorno*, Stuttgart 2018, und ders., *Wahrheit und Werturteil*, Tübingen 2012.

26 Jane Mansbridge, ›Resisting resistance‹, in: Regina Kreide/Robin Celikates/Tilo Wesche (Hg.): *Transformations of democracy*, London 2015.

27 Sophie Rosenfeld: *Democracy and truth*, Pittsburgh 2019.

28 Pierre Macherey: *Hegel oder Spinoza*, Wien 2019, S. 81.

29 Hannah Arendt, a.a.O., S. 30.

30 Vgl. Sabine Müller-Mall, a.a.O.

31 Hans Kelsen: *Was ist Gerechtigkeit?*, Stuttgart 2016.

32 Michel Foucault: ›Truth and power‹, in: *Critique of Anthropology*, Vol. 4, 1979, S. 131 ff.

33 Ähnlich Martin Eifert/Nora Wienfort: ›Hassrede als Gefährdung der verfassungsrechtlich geschützten offenen Kommunikation unter Freien und Gleichen‹, in: *JuristenZeitung* 78, 2023, S. 270 ff.

34 Stanley Fish: *There's no such thing as free speech… and it's a good thing too*, Oxford 1995: Auch in den USA existiert kein absolutes First-Amendment-Recht, sondern es herrschen immer redebeschränkende Hintergrundnormen.

35 Im Folgenden finden sich weitgehende Übernahmen aus: Tim Wihl: ›Tertium datur. Begriffliche Grundlinien des Rechts der digitalen Öffentlichkeit‹, in: Sabine Müller-Mall/Jan-Philipp Kruse (Hg.): *Digitale Transformationen der Öffentlichkeit*, Weilerswist 2020, S. 28 ff.

36 Georg W. F. Hegel: *Grundlinien der Philosophie des Rechts*, Werke, Band 7, Frankfurt a. M. 1979, §§ 182 ff.

37 Jürgen Habermas: *Strukturwandel der Öffentlichkeit*, Frankfurt a. M. 1990.

38 Claude Lefort hatte an dieser Konstellation insbesondere die totalitäre Bürokratisierung der Gesamtöffentlichkeit (in der Sowjetunion) verarbeitet. Heute steht uns die umgekehrte Gefahr vor Augen.

39 Sheldon Wolin: *Democracy Incorporated*, Princeton 2017.

40 Nach Veith Selk: *Demokratiedämmerung*, Berlin 2023, sind wir in diese Phase einer neuen Polarisierung zwischen vollpolitisierten, paradoxerweise aber nicht länger öffentlichen Demokratien und aufsteigenden antidemokratischen Systemalternativen bereits eingetreten.

41 Zugleich lässt sich so der »junge Marx« der politischen Befreiung vor

dem »alten Marx« der ökonomistischen Reduktion retten, vgl. z.B. Andreas Böhm: *Kritik der Autonomie*, Bodenheim 1998.

42 Jack Balkin: ›The political economy of freedom of speech in the Second Gilded Age‹, in: *Law and Political Economy Blog*, 04.07.2018.

43 Vgl. Johannes Caspar: *Wir Datensklaven*, Berlin 2023.

44 Vgl. grundsätzlich Erik Olin Wright: *Envisioning real utopias*, London 2010, S. 128ff., 143f.

45 Tim Wihl: *Aufhebungsrechte*, a.a.O., Einleitung, insb. S. 33.

46 Karl-Otto Apel: ›Das Apriori der Kommunikationsgemeinschaft und die Grundlage der Ethik‹, in: *Transformation der Philosophie*, Bd. 2, Frankfurt a.M. 1973, S. 358ff.

47 Vgl. Sheldon Wolin: *The politics of vision*, Princeton 2004.

48 Vgl. Benedict Vischer: ›Systematicity to excess‹, in: Stefan Kadelbach et al. (Hg.): *System, order, and international law*, Oxford 2017, S. 303ff., 312f. über Kant.

49 Stanley Fish: *Das Recht möchte formal sein*, Berlin 2011.

50 Stanley Fish: *There's no such thing as free speech... and it's a good thing too*, a.a.O.

51 Berend Koll: *Liberales Versammlungsrecht*, Baden-Baden 2015, S. 79ff.: unter Berufung etwa auf Immanuel Kant, Hans Kelsen, John Rawls oder John Stuart Mill.

52 Demokratiefördergesetz-Entwurf 2023; Isabelle Ley: ›Das Politische der Gemeinnützigkeit‹, in: *Die Verwaltung 2022*, S. 497ff.

53 Grundlegend v.a. Ulrich K. Preuß: *Zum staatsrechtlichen Begriff des Öffentlichen*, Stuttgart 1969.

54 Jérôme Fenoglio: ›Loi sur les ‚fake news': la confiance dans l'information ne se décrète pas‹, in: *Le Monde*, 07.06.2018, https://www.lemonde.fr/idees/article/2018/06/07/fake-news-une-loi-inutile_5311093_3232.html; Alexandre Piquard: ›Loi ‚fake news': le CSA veut davantage de transparence des réseaux sociaux‹, in: *Le Monde*, 30.07.2020, https://www.lemonde.fr/economie/article/2020/07/30/loi-fake-news-le-csa-veut-davantage-de-transparence-des-reseaux-sociaux_6047715_3234.html.

55 Jack Balkin, ›The political economy of freedom of speech in the Second Gilded Age‹, a.a.O.

56 Vgl. Elinor Ostrom: *Jenseits von Markt und Staat*, Stuttgart 2023.

57 Christian Volk: ›Reform, transformation, emancipation‹, in: *Democratic Theory*, Vol. 9, 2022, S. 56ff., dort zit. S. 57: Thomas Meyer/Lewis P. Hinchman: *Media democracy*, London 2002.

58 Im Folgenden greife ich oft wörtlich auf diesen Artikel zurück: Tim Wihl: ›Unglückliches demokratisches Bewusstsein. Kritische Anmerkungen zum Künast-Beschluss des Bundesverfassungsgerichts‹, in: *Verfassungsblog*, 14.02.2022.

59 BVerfG, Beschluss der 2. Kammer des Ersten Senats vom 19.12.2021 – 1 BvR 1073/20.

60 Vgl. im Detail Tarik Tabbara: ›Helmut Ridders Konzeption der öffentlichen Meinungsfreiheit und ihr Verhältnis zur Selbst-Regierung‹, in: Isabel Feichtner/Tim Wihl (Hg.): *Gesamtverfassung*, Baden-Baden 2022, S. 163ff.

61 Ebd., S. 163.

62 Brandenburg v. Ohio, US Supreme Court, 1969: Es besteht Redefreiheit für abstrakte Gewaltaufrufe des KKK, da kein »incitement« zu »imminent lawless action« vorlag.

63 Tabbara, S. 164.
64 Ebd., S. 165.
65 Ebd., S. 166.
66 Vgl. US-Supreme-Court-Richter Brandeis, Whitney v. California, US Supreme Court, 1927: »no opportunity for full discussion«, »emergency«.
67 William E. B. Du Bois: *Die Seelen der Schwarzen*, Freiburg 2003.
68 Diese spezifische Synthese von Rechtsmaterialismus und -idealismus führt nicht zu Nietzsche und seiner Misstrauenshermeneutik zurück trotz dessen zeitweiliger Renaissance in denjenigen Debatten um Foucault, die diesen Denker allzu stark von Althussers Ideologietheorie lösen wollten – dann erschien Nietzsche als einer der großen Entlarver in einer Reihe mit Marx, Darwin und Freud (vgl. Paul Ricoeurs Ahnenreihe der Hermeneutik des Verdachts). Zwar hatte Nietzsche das gleiche Doppelproblem des Ansich der Erkenntnisobjekte wie des erkenntnisproduktiven Subjekts gegen Hegel gelöst und so eine »Radikalisierung« der Wahrheitskritik in der Löschung des Ansich und der Rehabilitation einer wertsetzenden (vitalen) Körperlichkeit der Erkenntnis statt einer rationalen »Aufhebung« Kants propagiert. Allerdings hatte er das Problem und das Lösungspotential der Kultur und Institutionen übergangen – im Gegensatz zu Hegel als integralem Rechtsphilosoph, der sich für all das interessierte, was vernünftig zu rechtfertigen ist. Und mag auch Nietzsches Perspektivismus nach Leibniz auf Multiplizität gepolt sein – eine holistische Deutung ließ er nicht zu. Schätzte er zwar ähnlich wie Hegel die Grenze von Wahrheit und Wert gering, kann er doch keinerlei absoluten Geist als Horizont kollektiver Praxis denken. So bleibt Hegel bei aller Machtsensibilität dem rationalen Willen zur Kultur verpflichtet, während Nietzsche den Willen zur Macht irrational isoliert. Eine nicht wahrheitsnihilistische oder relativistische Deutung Nietzsches fällt mithin schwer – anders als bei Foucault, den man bedauerlicherweise leicht in Nietzsches Fahrwasser interpretieren und dann von Althussers verbleibenden Wahrheitsbezügen zu stark abtrennen kann.
Bei Nietzsche bleibt alles eine Frage der psychologischen Interpretation (Wovon ist das Ausdruck? Suchen wir nach seiner *Genealogie*! Ist es bereichernd oder verkürzend? Mehr oder weniger *wert*? Jedenfalls gibt es keine Wahrheit! – Muss der Einzelne Gott werden wollen, ohne es zu können?). Stets stellt sich dann die Frage: Als was sagt die Person etwas? Die Antwort lautet: Sie sagt es *als x, nicht: Sie* sagt es; der Hyper-Individualismus schlägt in den Tod des Individuums um. Es gälte demgegenüber zu gewärtigen, dass die Frage nach der Redner:innen-Position, die Frage nach der Wirkungsmacht im Sprechen, nicht mehr als ein notwendiges Moment der effektiven Freiheit politischer Rede unter mehreren darstellt.
Wo ist stattdessen der Ort für das zeitgenössisch so stark vermisste kommunikative Vertrauen, die Überwindung des verständigungsschädlichen Verdachts? Es scheint die beiden Optionen zu geben: den Weg Nietzsches weiter zu gehen und dann vom Anti- zum Transhumanismus vorzustoßen (gleich der heutigen anarchokapitalistischen Strömung) oder eine radikale »konservative«, in Wahrheit indes progressive Wende einzuleiten. Heutiges Zeichen dafür wäre ein neuer Aufstieg der Religion, wenn die Wende Religion, absoluten Geist, wieder umfassend philosophisch *begreift* – aber diesmal nicht messianisch-totalitär,

sondern quasi-animistisch, ökologisch versöhnend in einem universalen, problemangemessen globalen Denken – statt weiter einer Übersteigerung des Differenzierungsgedankens in Gestalt des unvermittelten »Pluralismus« oder des Allverdachts gegen »Kategorienfehler« zu frönen. Der versöhnende Geist geht jeder Art Differenzierung voraus – das Absehen von diesem absoluten Geist läuft auf *abstrakte* Negationen hinaus, in denen die Vermittlung mit der immer erst zu erzeugenden gemeinsamen »Welt« ausfällt.

69 BVerfGE 28, 191 – Pätsch (1970).

70 Samira Akbarian: *Ziviler Ungehorsam als Verfassungsinterpretation*, Tübingen 2023, S. 155.

71 VG Gelsenkirchen, Beschluss vom 05.09.2023 – 4 L 1374/23, https://openjur.de/u/2474610.html.

72 LG Berlin 16. Zivilkammer, Entscheidungsdatum: 06.02.2020, Aktenzeichen: 16 O 330/18, juris, Ls. 10.

73 LG Köln 28. Zivilkammer, Entscheidungsdatum: 14.03.2018, Aktenzeichen: 28 O 362/17.

74 LG Berlin 27. Zivilkammer, Entscheidungsdatum: 31.10.2019, Aktenzeichen: 27 O 185/19.

75 Vgl. BVerfG, Beschluss vom 10.03.2016, 1 BvR 2844/13; BVerfGE 24, 278, 286 – GEMA (1968).

76 Vgl. Oliver Lampe/Steffen Uphues: ›,AdBusting' im gesellschaftlichen Meinungskampf‹, in: *Neue Juristische Wochenschrift*, 2021, S. 730 ff.

77 Der Grundsatz, die Kunstfreiheit ende vor dem privaten Eigentum der anderen, gilt keineswegs absolut, vgl. dazu BVerfGE 142, 74 – Sampling (2016). Zu argumentieren ist danach vor allem mit den Eigenheiten des künstlerischen Schaffensprozesses – also der Werkentstehung; ebenso möglich wäre es in Fällen politischer Kunst, die Wirkungschancenseite hervorzuheben.

78 Andreas Gutmann: ›Adbusting: Mit Strafverfolgung gegen die Kommunikationsguerilla‹, in: *Grundrechte-Report 2022*, Frankfurt a. M. 2022, S. 65 ff. Vgl. nun BVerfG, Beschluss der 2. Kammer des Zweiten Senats vom 05.12.2023 – 2 BvR 1749/20.

79 Sam Jones: ›Angry protests as Spanish riot police arrest rapper at centre of free-speech debate‹, in: *The Guardian*, 16.02.2021, https://www.theguardian.com/world/2021/feb/16/spanish-police-storm-university-in-lleida-and-arrest-fugitive-rapper-pablo-hasel.

80 Sog. Bürgschaftsrechtsprechung zur »gestörten Vertragsparität« – BVerfGE 89, 214 (1993).

81 Z. B. BVerfGE 50, 290 – Mitbestimmung (1979).

82 Albert Camus: *Der Mensch in der Revolte*, Reinbek 2006.

83 Im Folgenden finden sich weitgehende, aber veränderte Übernahmen aus dem Artikel: Tim Wihl: ›Die Demo als Revolte?‹, in: *Zeitschrift für politische Theorie*, Heft 1–2, 2023.

84 Vgl. dazu BVerfGE 69, 315 – Brokdorf (1985) und die spätere Sitzblockaden-Rechtsprechung. Zum aktuellen Stand vgl. den Beschluss der 1. Kammer des Ersten Senats vom 07. 03.2011 –1 BvR 388/05.

85 Vgl. Jean Rivero/Hugues Moutouh: *Les libertés publiques*, Band 2, Paris 2003, S. 239.

86 Derzeit erheben sich Forderungen nach einer Aufnahme der *liberté de manifester* in die französische Verfassung (vgl. Ariane Vidal-Nacquet/Xavier Magnon: ›Inscrire dans la Constitution la liberté de manifester

serait un acte symbolique fort‹, in: *Le Monde*, 05.04.2023, https://www.lemonde.fr/idees/article/2023/04/05/inscrire-dans-la-constitution-la-liberte-de-manifester-serait-un-acte-symbolique-fort_6168387_3232.html, 09.04.2023).

87 Vgl. Helmut Ridder, ›Historische Einleitung‹, in: Ridder (Hg.), *Nomos-Kommentar Versammlungsrecht*, Baden-Baden 1992, S. 21 ff.; Michael Breitbach/Dieter Deiseroth: ›Historische Einleitung‹, in: 2. Aufl. 2020.

88 Joachim Kummer: ›Die Zäsur, die keine war‹, in: *Kritische Justiz*, 2022, S. 284 ff.

89 Genaue historische Analyse bei Andrea Kretschmann/Aldo Legnaro: ›Politiken der Dominanz: Das Polizieren von Protest in Deutschland‹, in: Olivier Fillieule/Fabien Jobard: *Politiken der Un-Ordnung*, Heidelberg 2024.

90 Clemens Arzt: ›Pro Palästina als unmittelbare Gefahr?‹, in: *Verfassungsblog*, 26.10.2023, https://verfassungsblog.de/pro-palastina-als-unmittelbare-gefahr/. Siehe etwa VG Frankfurt a. M., Beschluss vom 24.11.2023 – 5 L 3760/23.F –, juris.

91 Beispiele für wesentliche Rückschritte sind etwa die Versammlungsgesetze von Bayern, Nordrhein-Westfalen und Hessen.

92 Die Typen des Kollektivs deutet Jean-Paul Sartre in *Kritik der dialektischen Vernunft*, Band 1, Hamburg 1967, S. 273 ff. im berühmten Autobus-Beispiel an.

93 Georg W. F. Hegel, a.a.O.

94 Gunnar Hindrichs: *Philosophie der Revolution*, Berlin 2017.

95 Vgl. Tobias Singelnstein/Benjamin Derin: *Die Polizei*, Berlin 2022.

96 Bini Adamczak: *Beziehungsweise Revolution*, Berlin 2017.

97 Vgl. Theodor W. Adorno: *Negative Dialektik*, Frankfurt a. M. 1966.

98 Die Friedlichkeit einer Versammlung steht nicht durch einzelne Gewalttaten infrage (ständige Rechtsprechung), vgl. BVerfGE 69, 315.

99 Zur Geschichte Christoph Ebeling: *Die organisierte Versammlung*, Berlin 2017.

100 Vgl. auch Philipp Gassert: *Bewegte Gesellschaft*, Stuttgart 2018.

101 Vgl. unter anderem Hans Vorländer/Maik Herlos/Steven Schäller: *Pegida and new right-wing populism in Germany*, London 2018.

102 Vgl. Pierre Blavier: *Gilets jaunes, la révolte des budgets contraints*, Paris 2021.

103 Zu dieser und weiteren Analogie(n) vgl. Tim Wihl: ›Macrons Revolte‹, in: *Verfassungsblog*, 12.12.2018, https://verfassungsblog.de/macrons-revolte/.

104 Mit einer wichtigen, in Fiktion gekleideten Gegenerzählung: Diaty Diallo: *Zwei Sekunden brennende Luft*, Berlin 2023.

105 Vgl. Tim Wihl: ›Der Ausnahmezustand in Frankreich: Zwischen Legalität und Rechtsstaatsdefizit‹, in: *Kritische Justiz*, 2017, S. 68 ff.; Olivier Beaud: *L´état d´urgence*, Paris 2018; Loic Wacquant: *Urban outcasts*, Cambridge 2008. Zum soziologischen Vergleich zwischen Frankreich und den USA vgl. ebenfalls Wacquant.

106 Vgl. Paul Lewis: ›Tottenham riots: a peaceful protest, then suddenly all hell broke loose‹, in: *The Guardian*, 07.08.2011; https://www.theguardian.com/uk/2011/aug/07/tottenham-riots-peaceful-protest.

107 Eindrücklich analysiert bei Guillaume Paoli: *Soziale Gelbsucht*, Berlin 2020.

108 Joshua Clover: *Riot. Strike. Riot*, London 2016.

109 Vgl. Doreen Reinhard: ›Die nächste Stufe der Gewalt‹, in: *Zeit online*,

23.08.2015, https://www.zeit.de/gesellschaft/zeitgeschehen/2015-08/heidenau-rechtsextremismus-fluechtlinge-gewalt.

110 Vgl. Stefan Malthaner: ›Riot im Schanzenviertel‹, in: *Mittelweg 36*, 2019, S. 1 ff.

111 Edward P. Thompson: ›The moral economy of the English crowd in the 18th century‹, in: *Past and present*, 1971, Nr. 50, S. 76 ff.

112 Ebd., S. 79.

113 Anne Nassauer: *Situational breakdowns*, Oxford 2019.

114 Gustave Le Bon: *Psychologie der Massen*, Stuttgart 2016.

115 Nassauer, a. a. O.

116 Vgl. Dietrich Schotte: *Was ist Gewalt?* Göttingen 2020, zum nichtreflexiven Gewaltbegriff.

117 Gunnar Hindrichs: *Philosophie der Revolution*, Berlin 2017.

118 Trotz in diesem Fall hoffnungsfroher Ansätze vgl. Paoli, a. a. O.

119 Vgl. Étienne Balibar: *Gleichfreiheit*, Berlin 2012.

120 Vgl. Raphaëlle Besse Desmoulières: ›L'onde de choc sociale des ‚gilets jaunes', un an après‹, in: *Le Monde*, 15.11.2019, https://www.lemonde.fr/politique/article/2019/11/15/l-onde-de-choc-sociale-des-gilets-jaunes-un-an-apres_6019281_823448.html.

121 Mit Billigung des BayVerfGH: Entscheidung vom 14.06.2023, Vf. 15-VII-18.

122 Vgl. Hermann Amborn: *Das Recht als Hort der Anarchie*, Berlin 2016, auf der Basis ethnographischer Arbeit in Ostafrika – das ist gleichsam K. O. Apels und J. Habermas' Moraltheorie in praktischer Reinform.

123 Vgl. Nicos Poulantzas: *Staatstheorie*, Hamburg 2011.

124 Antonio Negri: *Die wilde Anomalie*, Berlin 1987.

125 Vgl. in aktueller Version: Emilios Christodoulidis: *The redress of law*, Cambridge 2021.

126 Hegel: *Grundlinien der Philosophie des Rechts*; im Anschluss daran Niklas Luhmanns »Gesellschaft« – wo Hierarchie und Entfremdung nötig ist.

127 Frank Ruda: *Hegels Pöbel*, Konstanz 2011.

128 Auch rechtlich, vgl. Breitbach/Deiseroth, a. a. O.

129 Helmut König: ›Nachwort‹, in: Le Bon, a. a. O.

130 Gemeint ist die »dritte Gattung des Wissens« bei Spinoza – der »absolute Geist« bei Hegel: Riten, Performanz und Offenbarung als stark verkörperte Erfahrungen. Später werden Ludwig Feuerbach, Ernst Bloch und Dorothee Sölle an dergleichen Zu-Ende-Denken des Monotheismus anschließen.

131 Gerichtet ist das gegen Jürgen Habermas' oder John Rawls' restriktive, miteinander eng verwandte Konzeptionen des zivilen Ungehorsams. Vgl. die in Deutschland besonders einflussreichen Beiträge in: Peter Glotz (Hg.): *Ziviler Ungehorsam im Rechtsstaat*, Frankfurt a. M. 1983.

132 In diese abstrakt-negatorische, paradox herrschaftsaffirmative Reihe gehören auch die großen kanadischen Truckerproteste: Salam Hawa: ›Am Rande des Abgrunds‹, in: *die tageszeitung*, 23.02.2022.

133 Judith Butler: *Anmerkungen zu einer performativen Theorie der Versammlung*, Berlin 2016; dies.: *Die Macht der Gewaltlosigkeit*, Berlin 2020.

134 Dafür etwa Daria Bayer, Katrin Höffler et al.: ›Warum es falsch ist, Klimaprotest und Seenotrettung zu kriminalisieren‹, in: *Frankfurter Allgemeine Zeitung*, 29.11.2023. Vgl. auch die »berühmt« gewordene Entscheidung des AG Flensburg, Beschluss 440 Cs 107 Js 7252/22 vom 07.11.2022. Zu Parallelen in Frankreich vgl. Duval, S. 406 ff.

135 Hannah Arendt: *Macht und Gewalt*, München 1990.
136 Dorothee Sölle: *Stellvertretung*, Stuttgart 1968.
137 Vgl. Koll, a.a.O.
138 Vgl. Hegel: *Phänomenologie des Geistes*, Kap. IV. B.
139 Carolin Amlinger/Oliver Nachtwey: *Gekränkte Freiheit. Aspekte des libertären Autoritarismus*, Berlin 2022.
140 Wichtige fiktionale Reflexionen dazu bei Peter Weiss: *Die Ästhetik des Widerstands*, Reinbek 1975–81, und Stephanie Bart: *Erzählung zur Sache*, Zürich 2023.
141 Vgl. Ernst-Wolfgang Böckenförde: *Die verfassunggebende Gewalt des Volkes: ein Grenzbegriff des Verfassungsrechts*, Frankfurt a. M. 1986; Martin Loughlin/Neil Walker (Hg.): *The paradox of constitutionalism: Constituent power and constitutional form*, Oxford 2007.
142 Ernst Bloch: *Das Prinzip Hoffnung*, Bd. 1, Vorwort, Frankfurt a. M. 1985 (urspr. 1954/1959).
143 Vgl. Claus Offe: ›Politische Herrschaft und Klassenstrukturen. Zur Analyse spätkapitalistischer Gesellschaftssysteme‹, 1969, in: *Strukturprobleme des kapitalistischen Staates*, Frankfurt a. M. 2006, Kap. 1.
144 BVerfGE 69, 315, 345ff.
145 Jacob Talmon: *Die Geschichte der totalitären Demokratie*, Göttingen 2013.
146 Illan rua Wall: *Law and disorder*, London 2020.
147 Zur Präfiguration, zum *pre-enactment* vgl. Akbarian, a.a.O.; eine besondere Rolle spielten für diese Idee das US-Civil Rights Movement sowie die globale Platzbewegung von 2011. Siehe auch die Rezeption bei Erik Olin Wright: *Reale Utopien*, Berlin 2017.
148 Jean-Jacques Rousseau: *Du contrat social/Vom Gesellschaftsvertrag*, Stuttgart 2010, S. 185.
149 Ebd., S. 228.
150 Ebd., S. 230.
151 Jean Starobinski: *Rousseau: Eine Welt von Widerständen*, Frankfurt a.M. 2012.
152 Rosa Luxemburg: *Schriften zur Theorie der Spontaneität*, Reinbek 1970, S. 56.
153 Ebd., S. 124.
154 Ebd., S. 125.
155 Vgl. klassisch Ernesto Laclau/Chantal Mouffe: *Hegemonie und radikale Demokratie*, Wien 2020, mit starker Bezugnahme auf Luxemburg.
156 Ingrid Gilcher-Holtey: *Die Phantasie an die Macht*, Frankfurt a. M. 1995.
157 Oskar Negt: *Politik als Protest*, Göttingen 2016, S. 209.
158 Vgl. Theodor W. Adorno: *The authoritarian personality*, London 2019; ders.: *Aspekte des neuen Rechtsradikalismus*, Berlin 2019.
159 Negt, a.a.O., S. 218.
160 So jedenfalls der extrem einflussreiche Text von Louis Althusser: *Ideologie und ideologische Staatsapparate*, Hamburg 1977 (urspr. 1968/1970).
161 Rudi Dutschke; zit. nach Negt, a.a.O., S. 222.
162 Gesamteinschätzung bei Michael Th. Greven: *Systemopposition*, Opladen 2011; zu Negt und seiner »kritischen Publizität«: S. 152ff.
163 Elias Canetti: *Masse und Macht* [1960], München 2011, S. 66.
164 Martin Breaugh: *The plebeian experience*, New York 2013.
165 Ebd., S. xv.
166 Ebd., S. xvi.
167 Machiavelli: Diskurse über Livius, 1531, vgl. Buch 1, Kap. 17, zit. bei

Breaugh, S. xvii; vgl. Filippo del Lucchese: *Tumultes et indignation: Conflit, droit et multitude chez Machiavel et Spinoza,* Paris 2010.

168 Breaugh, S. xxiii.

169 Anders überzeugend Gertrude Lübbe-Wolff: *Demophobie,* München 2023.

170 Breaugh, S. xxiii.

171 Ebd.

172 Ebd., S. 66–73.

173 Kolja Möller, a.a.O., S. 39.

174 Sabine Müller-Mall, a.a.O.

175 Ähnlich Akbarian, a.a.O., zum zivilen Ungehorsam.

176 Vgl. John Hart Elys »representation-reinforcement« – aber es geht anders als bei ihm hier nicht allein um parlamentarische Repräsentation.

177 So aber James Gray Pope: ›Republican moments: The role of direct popular power in the American constitutional order‹, in: *University of Pennsylvania Law Review,* Vol. 139, 1990, S. 287 ff., 311.

178 Vgl. Erik Olin Wright: *Reale Utopien,* a.a.O.; Lara Monticelli (Hg.): *The future is now. An introduction to prefigurative politics,* Bristol 2022. Ein früher Vorläufer dürfte der Begriff der konkreten Utopie bei Ernst Bloch sein: Erst das Experiment mit dem Neuen erschließt ein für die Zukunft ersehntes Noch-Nicht.

179 Selk, a.a.O. Gemeint ist das Phänomen, dass sich für demokratisch-partizipative Verfahren anders als für Wahlen oft nur Angehörige der gebildeten Mittelklasse interessieren. Das gilt freilich für viele Sozial- und Bürgerrechtsproteste ganz und gar nicht.

180 So das Schlagwort der feministischen Aktivistin Jo Freeman: ›The tyranny of structurelessness‹, in: *Berkeley Journal of Sociology,* 17, 1973, S. 151 ff. Es beschreibt das Phänomen, dass in strukturlosen, etwa bestimmten anarchistischen, Gruppen oftmals Machtverhältnisse verschleiert werden, statt als explizite Hierarchien kritisier- und kontrollierbar zu sein.

181 Vgl. Pope, a.a.O., S. 355, Fn. 330, zu US-Sitzblockaden.

182 Vgl. als sinnvollen, liberalen Orientierungspunkt für Boykotte den Leitentscheid des US Supreme Court: NAACP v. Claiborne Hardware (1982).

183 Diese Idee ist auch bei Pope, S. 345 ff., mit Bezug auf das US-1st Amendment durchgeführt; dort finden sich Referenzen auf Frank Michelman, Bruce Ackerman und insbesondere John Baker – über Alexander Meiklejohns Bezugnahme auf repräsentative Demokratie hinaus. Es geht aber anders als bei Pope nicht nur um republikanische »Momente«, sondern eine systematische und kontinuierliche Legitimationsquelle der Demokratie.

184 Vgl. Guillaume Paoli, a.a.O.

185 Gray Popes Begriff der »direct popular power« ist gegen Robert Covers Anarchismus der autonomen Gruppen gerichtet (S. 303), aber auch gegen Bruce Ackermans »constitutional moments«. Rechte Proteste werden auf S. 313 ff. thematisiert (»politics of fear« des KKK vs »participatory politics« – auch bei der Abtreibungsdebatte). Der Elitismuseinwand gegen Proteste ziehe nicht, da Gegenproteste jederzeit möglich seien (oder mindestens Wahlentscheidungen). Außerdem finde nur durch Protest ein Ausgleich des Machtvorteils für die Unternehmensseite statt (vgl. Charles Lindblom: *Jenseits von Markt und Staat. Eine Kritik der*

politischen und ökonomischen Systeme, Stuttgart 1980). Von späteren Debatten (um *popular* und *societal constitutionalism* etc.) wird dieses Konzept kaum mehr eingeholt.

186 Vgl. die Äußerungen zur »ursprünglich-ungebändigten unmittelbaren Demokratie« und zu den gesellschaftlichen Machtverhältnissen, die Protest mitkorrigieren kann, im Brokdorf-Entscheid des Bundesverfassungsgerichts (BVerfGE 69, 315; dort Rn. 65–67).

187 Aktuell zu Frankreich: Olivier Fillieule/Fabien Jobard: *Politiques du désordre,* Paris 2020; zu Deutschland: Andrea Kretschmann/Aldo Legnaro, a. a. O.; als repräsentatives Beispiel für vielfältige Rechtsverletzungen in der Praxis: Grundrechtekomitee: *Kontrolle um jeden Preis – Demonstrationsbeobachtungen rund um die Proteste anlässlich der Internationalen Automobilausstellung (IAA) in München vom 4. bis 10. September 2023,* 2023; besonders vollständig und detailliert ausgewertet (zu G20 Hamburg 2017): Simon Teune u. a.: *Eskalation,* https://g20.protestinstitut.eu/.

188 Vgl. Ralf Poscher/Maja Werner: ›Gewahrsam als letztes Mittel gegen die ‚Letzte Generation?'‹, in: *Verfassungsblog,* 24.11.2022, https://verfassungsblog.de/gewahrsam-als-letztes-mittel-gegen-die-letzte-generation, 2022.

189 Manuel Cervera-Marzal: *Les nouveaux désobéissants: citoyens ou hors-la-loi?,* Bourdeaux 2016. Freilich ist aus heutiger Sicht nicht auszuschließen, dass auch die Frage des kontroversen Typs »politischer Streik« (vgl. grundlegend u. a. zur NS-belasteten Geschichte von dessen rein richterrechtlichem Verbot in Deutschland: Theresa Tschenker: *Politischer Streik,* Berlin 2023) oder eindeutig illegaler Sabotage (befürwortend aus radikaler Bewegungsperspektive: Andreas Malm: *Wie man eine Pipeline in die Luft jagt,* Berlin 2020) zukünftig wieder an Bedeutung gewinnen könnte. Aus den USA kommen interessante Impulse zu »Gemeinwohlstreiks« etwa von Lehrer:innen für das Schulsystem (»Bargaining for the common good«), in Deutschland verbünden sich zaghaft Gewerkschaften und Umweltgruppen. In vielen Staaten gibt es keine so strenge Trennung zwischen Tarifstreiks und politischen Streiks wie in Deutschland. Sie lässt sich entgegen der Arbeitsrechtsprechung seit dem frühen Zeitungsstreik 1952 mit dem GG auch nur schwer in Einklang bringen. Dieses kennt kein Harmonieideal im Unternehmen. Auch der Generalstreik, wie ihn andere europäische Länder zuletzt wieder entdecken, ist theoretisch möglich; es wäre dennoch falsch, ihn zu überhöhen, wie es eine bestimmte Theorietradition tut (vgl. Walter Benjamin: *Zur Kritik der Gewalt,* 1921). Sinnvoll ist es u. a., sich auf Art. 11 EMRK und die Europäische Sozialcharta zu berufen, um das deutsche Verbot des politischen Streiks infrage zu stellen.

190 Vgl. zur juristischen Bewertung umfassend: Maxim Bönnemann (Hg.): *Kleben und Haften: Ziviler Ungehorsam in der Klimakrise,* Berlin 2023.

191 Vgl. Akbarian, a. a. O.

192 Vgl. Christian Volk: ›Was ist ziviler Ungehorsam – heute?‹, erscheint in: *Leviathan* 2024.

193 Vgl. vorläufig resümierend: Albert Ogien: *Politique de l'activisme,* Paris 2021; Albert Ogien/Sandra Laugier: *Das Prinzip Demokratie,* Konstanz 2017.

194 Vgl. zuletzt BVerfGE 104, 92 – Sitzblockaden III (2001); BVerfG, Beschluss der 1. Kammer des Ersten Senats vom 07.03.2011 – 1 BvR 388/05.

195 Vgl. bestätigend Bundesverwaltungsgericht, Urteil vom 24.05.2022, Az. 6 C 9.20 – Protestcamp.

196 Vgl. Volk, a.a.O.; maßgebliche Quellentexte bei: Andreas Braune (Hg.): *Ziviler Ungehorsam*, Stuttgart 2017.

197 Akbarian, a.a.O.

198 Zum Einfluss Hegels, den King seinen Lieblingsphilosophen nannte, vgl. Stephen C. Ferguson II: ›The philosopher King‹, in: *Philosophy in the contemporary world*, Vol. 17, 2010, S. 26 ff.

199 Nachklänge der Kriterien finden sich in der deutschen Rechtsprechung: In der problematischen Gegenüberstellung von zulässigem kommunikativ-allgemein-symbolischen und unzulässigem Selbsthilfeprotest (BVerfGE 104, 92, 105 – Wackersdorf u.a. 2001), in der Charakterisierung des Ungehorsams als »ethisch« oder »zeichenhaft« (BVerfGE 73, 206, 250 – Sitzblockaden I 1986).

200 Robin Celikates: ›Rethinking civil disobedience as a practice of contestation – Beyond the liberal paradigm‹, in: *Constellations*, Vol. 23, 2016, S. 37 ff.

201 Aktuell mit gewaltrelativierender Tendenz lediglich für Fälle kollektiver Selbstverteidigung oder Sabotage: Candice Delmas: *A duty to resist*, Oxford 2018; für die Suffragetten, Pink-Panther- oder Black-Panther-Bewegung zur Selbstverteidigung: Elsa Dorlin: *Selbstverteidigung*, Berlin 2020.

202 Vgl. Donatella della Porta/Mario Diani: *Social movements*, New York 2020.

203 Wolf Lepenies: ›Süchtig nach Revolution‹, in: *Die Welt*, 07.04.2006.

204 Vgl. Sergio Verdugo: ›Is it time to abandon the theory of constituent power?‹, in: *ICON*, Vol. 21, 2023, S. 14 ff.; Fernando Atria: ›Constituent moment, constituted powers in Chile‹, in: *Law and Critique*, Vol. 31, 2020, S. 51 ff. Andere demokratische Prozesse des Neu-Verfassens der jüngeren Vergangenheit sind, wie in Island, ebenfalls gescheitert oder waren, wie in Irland, nur höchst begrenzt erfolgreich.

205 Ähnlich jetzt Björnstjern Baade: ›Der Verfassungsschutzbericht im Spiegel der Kritik‹, in: *Die Öffentliche Verwaltung*, 2023, S. 1002 ff., 1012.

206 Vgl. zum Nachweis im deutschen Verfassungsrecht: Tim Wihl: ›Die verfassungsrechtliche Aufklärung des Extremismusmodells‹, in: *Kritische Justiz*, 2023, S. 291 ff.

207 Karlsbader Beschlüsse – Untersuchungsgesetz vom 20.09.1819, http://www.heinrich-heine-denkmal.de/dokumente/karlsbad3.shtml.

208 Christoph Gusy: *Weimar – die wehrlose Republik?*, Tübingen 1991.

209 Siehe Fußnote 207 und Matthias Fahrner: *Freiheitliche demokratische Grundordnung*, Berlin 2023; Sarah Schulz: *Freiheitliche demokratische Grundordnung*, Weilerswist 2020.

210 BVerfGE 134, 141 – Ramelow (2013).

211 BVerfG, Urteil des Ersten Senats vom 26.04.2022 – 1 BvR 1619/17 – Bayerisches Verfassungsschutzgesetz.

212 Klaus Ferdinand Gärditz: ›Konturen eines allgemeinen Nachrichtendienstverfassungsrechts‹, in: *Verfassungsblog*, 02.05.2022, https://verfassungsblog.de/konturen-eines-allgemeinen-nachrichtendienst verfassungsrechts/.

213 VG Köln, Urt. vom 08.03.2022 – 13 K 326/21 – AfD-Verdachtsbeobachtung (anschl. OVG Münster, Beschl. 27.09.2023 – 5 B 757/23).

214 Vgl. Teresa Koloma Beck/Klaus Schlichte: *Theorien der Gewalt*, Hamburg 2018; Johannes Müller-Salo (Hg.): *Gewalt*, Stuttgart 2018.

215 Karl Marx: *Zur Kritik der Hegelschen Rechtsphilosophie*, MEW Bd. 1, Berlin 1976, S. 203 ff.

216 Etwa in Gestalt der »constitutional moments« als US-Verfassungsrevolutionen, bei Bruce Ackerman: *We the People*, Vol. 1, Cambridge 1993.

217 Alexis de Tocqueville: *Der alte Staat und die Revolution*, München 1978.

218 Als sogenannte Präfiguration oder »interstitielle« Revolution der Zwischenräume, bzw. als »cracks«, bei Erik Olin Wright und Eva von Redecker.

219 Vgl. Slavoj Žižek: *Weniger als nichts. Hegel und der Schatten des dialektischen Materialismus*, Berlin 2014, S. 1314ff.

220 Étienne Balibar: *Der Schauplatz des Anderen. Formen der Gewalt und Grenzen der Zivilität*, Hamburg 2006.

221 Gegen Judith Butler: *Die Macht der Gewaltlosigkeit*, Berlin 2020.

222 Anders als die noch an Besitzindividualismus gebundenen Freiheitsfortschritte; vgl. Pierre Charbonnier: *Überfluss und Freiheit*, Frankfurt a. M. 2022.

223 Hinsichtlich der politisch-freiheitlichen Dimension von Vereinsverboten, die hier bisher nicht Thema waren, ist die Diskussion um die französische ökologische Gruppe »Les Soulèvements de la Terre« in den letzten Jahren besonders instruktiv (vgl. https://www.conseil-etat.fr/actualites/soulevements-de-la-terre-gale-alvarium-cri-le-conseil-d-etat-precise-les-criteres-justifiant-la-dissolution-d-une-association-ou-d-un-groupement mit allgemeinen Kriterien für Vereinsverbote – das konkrete Verbot von LST wurde abgelehnt) – so wie spiegelbildlich die versuchte Einstufung der »Letzten Generation« als kriminelle Vereinigung in Deutschland (nach dem Strafgesetzbuch).

224 Das krasse Gegenteil legt die Novellierung des britischen Versammlungsrechts unter der Tory-Regierung nahe, siehe: Matthew Taylor: ›How will the police and crime bill limit the right to protest‹, in: *The Guardian*, 13.02.2022, https://www.theguardian.com/law/2022/jan/13/how-will-the-police-and-bill-limit-the-right-to-protest. Danach wird jeder Protest in Richtung »Disruption«, selbst durch Lärm, unter Verdacht gestellt.

225 Étienne Balibar: ›L´échec des révolutions?‹, in: Ludivine Bantigny et al. (Hg.): *Une histoire globale des révolutions*, Paris 2023, S. 1109ff., 1122.

226 Vgl. auch Fritz Vilmar: *Strategien der Demokratisierung*, Band 1, München 1973, S. 91–131.

227 US Supreme Court, Whitney v. California, 274 U.S. 357, Concurring opinion Louis Brandeis, 1927.

POLITK BEI WAGENBACH

Peter Laudenbach Volkstheater

Der rechte Angriff auf die Kunstfreiheit

Die Neue Rechte hat die Kultur als Kampffeld entdeckt. Aber weshalb interessieren sich AfD-Politiker plötzlich für Tanztheater und zeitgenössische Musik? Und was geht im Kopf von Leuten vor, die Buchhändlern das Auto anzünden oder Sprengsätze in Jugendzentren werfen?

Broschiert. 144 Seiten

Christoph Möllers Demokratie – Zumutungen und Versprechen

Warum leben wir in einer Demokratie? Aus guten Gründen oder aus schlechter Gewohnheit? Warum sind wir von demokratischer Politik so oft enttäuscht? Weil sie versagt oder weil wir uns keine Rechenschaft darüber ablegen, was wir von ihr erwarten können?

Broschiert. 128 Seiten

Kolja Möller Volksaufstand & Katzenjammer

Zur Geschichte des Populismus

Die westliche Welt wird gegenwärtig von einer Welle des Populismus ergriffen: Soziale Bewegungen, Parteien bis hin zu Staatspräsidenten beanspruchen für sich, das Volk gegen die »Eliten« zu vertreten. Kolja Möller nutzt historische Erkenntnisse für seine Gegenwartsanalyse, die zeigt, wie ein »guter Aufstand« aus den Fehlern der Vergangenheit lernen könnte.

Klappenbroschur. 160 Seiten

www.wagenbach.de
Covergestaltung Julie August. Autorenfoto © privat. Gesetzt aus der Meridien und der Brown. Gedruckt und gebunden bei Pustet, Regensburg. Printed in Germany.

ISBN 978 3 8031 3740 1